KB107523

산책하듯
가볍게

산책하듯
가볍게

정우성 지음

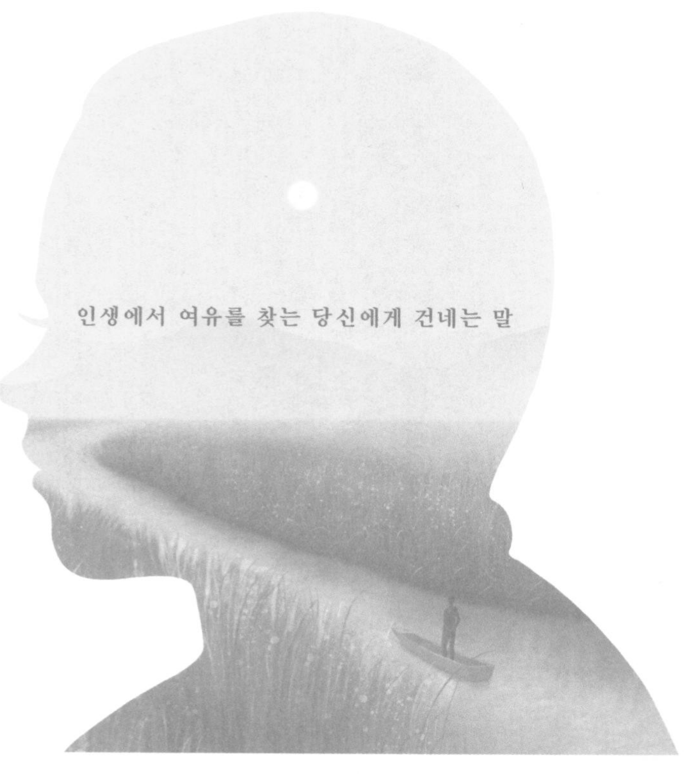

북플레저

◦ 프롤로그 ◦

산책하듯 가볍게

어쩐지 일찍 일어난 날이었습니다. 퇴사와 이직 사이였는지 이별과 만남 사이였는지는 확실치 않아요. 다만 매일 별생각 없이 반복하던 루틴에 작은 균열이 생긴 날이었습니다. 돌아보면 일상의 균열이란 참 신기하고 좋은 것이지요. 아무렇지도 않은 얼굴로 나타나 익숙하던 장면들을 새롭게 만들어주니까요.

소파에 멍하니 앉아 있다가 오전 7시 반 경에 집을 나섰습니다. 오래 입어서 늘어진 트레이닝 셋업을 위아래로 입고 운동화를 신었어요. 조깅을 하려던 건 아니었습니다. 테니스를 치러 간다거나 요가 수련을 하러 가는 길도 아니었지요. 그냥 집 밖으로 나갔을 뿐이에요. 마침 아침이었던 겁니다. 우연히 좋은 아침. 쨍하니 차갑고 산뜻한 공기가 폐까지 정화해주는 것 같은 11월 늦가을의 아침.

집 앞 골목 어귀를 돌아 나가면 작은 초등학교가 있는데, 이르게 등교하는 아이들이 부모님 손을 잡고 옹기종기 걷고 있었어요. 신호등도 필요 없을 정도로 좁은 골목길이지만 주변에 있는 모든 어른이 그 횡단보도의 안전에 집중하고 있었지요. 교문 앞에는 할아버지 할머니가 절도 있게 제복처럼 조끼를 입고 노란 깃발을 들고 교통 흐름을 통제했습니다. 아이들은 왼손에 부모님 손을 잡고 오른손을 하늘로 들어 올린 채 종종종, 교문을 향했지요. 참 산뜻하고 낯선 소리를 내면서 학교 안으로 향했습니다.

'저 아이들은 뭐가 저렇게 즐거운 걸까' 생각하면서 조금 더 걷기로 했습니다. 버스 정류장이 있는 쪽. 낯설고 분주한 사람들을 지나 저녁 시간 이후에 오던 작은 공원 쪽으로 조금 더 걸었습니다. 활기차거나 피로한 사람들을 마주치고, 신이 나서 깡총거리는 강아지들도 만났지요. 이제 막 문을 열 채비를 하는 상점을 지났어요. 저 사람의 피로와 이 사람의 활기 사이에는 어떤 차이가 있을까 다시 생각하면서, 차갑던 아침 공기가 점점 따듯해지고 있다는 사실을 알았습니다.

제 몸에 열이 오른 것이었는지도 모르겠어요. 몸이 따듯해지면서 조금씩 가벼워지는 것 같기도 했습니다. 몸이 가벼워지자 마음도 비워지는 것 같았어요. 어제 머리를 짓누르던 몇 가지 장면들은 갑자기 풍선이 된 것 같았습니다. 둥둥둥 떠오르더니 저 위로 올라가기 시작했어요. 더, 더 올라가면 혹시 터질까. 그렇다면 내 머릿속에서도 사라질까.

"아침은 참 좋은 거였구나…."

제 마음 안팎에서 펼쳐진 낯선 장면들 사이에서 혼자 중얼거렸습니다. 오랜만이었어요. 아침보다 익숙한 건 고단한 새벽이었지요. 저녁과 밤을 지나 새벽으로 이어지는 흐름을 중독처럼 즐겼습니다. 혼자일 땐 모니터나 책 속에서 자유로웠고 함께일 땐 웃음 속에서 나풀거렸습니다. 세상의 모든 진실과 일탈과 성장이 그 안에 있을 것 같은 느낌에 사로잡혀 있었지요. 과연 즐거웠고 매일 유혹적이었으니까요.

이런 아침과 다시 만나려면 새벽과 이별해야 했습니다. 새벽과 이별하려면 밤에는 혼자여야 했지요. 혼자서도 괜찮은 시간을 보내려면 습관에서 벗어나야 했습니다. 책상 앞에 앉아 있으면 뭐라도 될 듯한 환상. 누군가와 같이 있으면 평생의 우정 혹은 인연을 만날 듯한 판타지 같은 것들이 순식간에 흐려지기 시작했지요. 대신 조금 일찍, 더 깊이 잠들었습니다.

그날 아침 이후로는 의도적으로 걷기 시작했습니다. 아침 산책을 거른 날은 저녁 산책을 나섰지요. 그럴 때마다 다른 풍경과 다른 사람들과 다른 강아지들을 만났습니다. 돌아오면 (몸이) 노곤하고 (정신은) 맑아졌지요. 막혀 있던 원고의 실마리를 찾거나 마음속에 쌓여 있던 관계의 응어리 같은 것들도 천천히 녹기 시작했습니다. 하루 사이 무거워진 것들은 그때그 풍선처럼 날려 보냈어요.

산책은 정말이지 단점이라고는 하나도 없는데 약속 없이 자유롭게 할 수 있는 궁극의 여가였습니다. 해결의 실마리를 찾을 수 있고 마음에 창을 내듯 시원해지는 데 걸리는 시간이 딱 30분 남짓이라는 건 정말 놀랍지 않은가요? 친구도 술도 해주지 못하던 것들을 산책이 해준 것이었습니다. 누군가는 그렇게 매일 습관을 들이면 식습관이 바뀌면서 살도 빠진다고 했습니다만….

아쉽게도 거기까지는 아직 못 미쳤습니다. 여전히 밤의 유혹에 시달리곤 해요. 붙잡고 있으면 해결될 것 같아서 잘 놓지 못합니다. 새벽 2시까지 집중하면 털어낼 수 있을 거라고 스스로를 몰아세우다 실패하곤 해요. 산책을 나서기엔 너무 늦은 시간이지요. 머리로는 알고 있습니다. 자정 전에 자고 새벽에 일어나 산책하면 일의 효율 면에서도 몇 배나 좋을 거예요. 저는 여전히 자주 실패하고 있습니다.

그렇다고 포기해야 할까요? 혹시 인생은 좋은 습관 하나를 몸에 익히기 위해 도전과 실패를 거듭하는 과정이 아닐까요? 그렇게 매일 조금씩 나은 사람이 될 수 있다면 언젠가, 내 마음 저 안에 있는 작은 꿈 하나를 이룰 수 있지 않을까요? 어제 밤에도 실패했고 오늘 아침도 피곤하지만 북극성 같은 하루의 경험을 몇 개나 갖고 있습니다. 여기가 어디인지 어디를 향해야 하는지도 알 수 없는 망망대해에서도 그날 아침의 산뜻함을 기억하면서 내일을 기약할 수 있어요. 그렇게 생각하면 또 얼마나 다행인가요.

세상은 거대한 성공으로 가득해 보입니다. 불행과 상처는 내 방에만 있는 것 같지요. 다시 태어나는 것 외에는 해결책이 없어 보여요. 오늘 일찍 잠들거나 내일 새벽을 본다 해도 달라지는 건 없을 것 같습니다. 하지만 어제 같은 오늘을 반복하는 흐름 속에서 답을 찾기는 더 힘들었습니다. 내일도 어제와 같을 거라는 생각이야말로 눅눅한 이불 같았어요. 하루하루 포기를 즐기다 이제는 포기를 태도로 만들어버린 누군가의 것이었지요.

이 책에 한 달에 1천만 원을 벌 수 있는 방법, 퇴사와 창업을 거쳐 화려한 홀로서기에 성공한 현대판 영웅서사, 부와 명예를 손에 쥘 수 있는 열두 가지 비법 같은 건 존재하지 않습니다. 다만 창대한 미래를 상상하면서 지레 물러서지는 말자는 권유를 발견할 수는 있을 듯해요. 오늘의 시간들을 내일의 내가 본으로 삼을 만한 작은 시도로 채워보자는 권유. 누군가의 엄청난 성취에 압도되어 미리 좌절하지 말자는 약속을 나눌 수도 있을 겁니다.

인생도 시간도 너무 어렵습니다. 그럴 땐 매우 사소하고, 내가 통제할 수 있는 시간부터 가꿔보고 싶어요. 아무리 힘들어도 내일 아침 산책 정도는 할 수 있지 않을까요. 오늘 저녁을 가볍게 먹을 수 있다면. 그래서 약간의 허기를 느끼면서 일찍 잠들 수 있다면. 마침 눈을 떴는데 6시 즈음이라면 혹시 새벽을 볼 수 있지 않을까요. 그렇게 시간과 몸이 허락하는 한 꾸준히 해보자는 말은 할 수 있을 거예요. 그날의 산책처럼, 그 산뜻했던 아침 공기처럼 말이지요.

목차

2장 살아 있는 한 여행은 끝나지 않고 우리는 또 누군가를 만나게 될 거예요

3장 꾸준함 속에 쌓이는 것, 언젠가 빛날 거라 믿는 것

4장 세상은 냉소주의자의 방식으로 돌아가지 않습니다

5장 우리의 불행은 휴식하지 않는 데서 발생합니다

1장

느리지만 당신의 속도로 가고 있습니다

기억하기로 해요.
열심히 살아 이루려는 사람만이 좌절합니다.
우리는 살아 있는 한 멈추지 않기 때문입니다.

인생은 작은 꿈들이 만들어가는 것이지요

'인생은 작은 꿈들이 만들어가는 것이지요.'

이 한 문장을 쓰기 위해서 얼마나 오랜 시간이 걸렸는지 알게 되면 아마 깜짝 놀랄 거예요. 미루기에 대해 고민을 시작한 지도 아주 오래됐지요. 거창한 일을 하려던 게 아니었어요. 그냥 짧은 글을 쓰고 싶었을 뿐이었지요. 나는 왜 미루는지, 왜 완벽하고자 하는지, 왜 완벽하려다 사소한 일도 못 하게 되는지 쓰고 싶었어요. 대단한 논문을 쓰려던 게 아닙니다. 그냥 간단한 이야기 속에서 반성을 하고 싶었어요. 제가 평소에 사소한 일들을 너무 많이 미룬다는 사실을 깨달았거든요. 글을 쓸 때는 첫 문장을 쓰는 데 너무 오랜 시간이 걸린다는 사실도 알았습니다. 첫 문장만 쓰면, 일단 일을 시작하면 모든 일이 너무 빠르게 진행되리라는 걸 알면서도 그랬어요. 이 문단의 첫 문장을 쓰기까지 걸린 시간은 약 1년입니다. 어떻게 시작해야 좋을지, 저의 이야기가 과연 도움이 될지 고민만 하며 그 1년을 보냈어요. 하지만 이 문단을 쓰는 데는 5분이 채 걸리지 않았군요.

그렇다면 1년을 고민한 이 글은 조금 더 완벽에 가까워졌을까요? 아닙니다. 전혀 그렇지 않아요. 시작을 하지 않았으니 완벽해질 틈도 없었습니다. 생각은 많았지만 행동하지 않았고, 첫 문장이 없으니 두 번째 문장도 없었지요. 사소한 일은 완료되지 않았고 완벽한 마무리는 꿈속에 있었어요. 이런 상태에서 커진 건 불안뿐이었습니다. 마음 한구석에 스트레스가 쌓여갔어요. 세상에 저처럼 무능한 사람이 없는 것 같았습니다. 원고를 쓸 때만 이러는 게 아니었어요. 생필품을 주문하거나 2주 후 떠날 여행지의 숙소를 예약할 때도 저는 일단 미루는 사람이었습니다. 지금 하면 되는데, 어려운 일도 아닌데 미룰 수 있을 때까지 미룹니다. 당장 그 일을 하지 않으면 일이 어그러지는 그 첨예한 데드라인에 이르러서야 빠르게 집중하는 타입이지요.

이런 식으로 수많은 일을 처리해왔어요. 나쁘지 않았습니다. 커리어와 경험이 쌓였고 다양한 성취도 있었지요. 하지만 거기까지였어요. 더 복잡한 일을 해내려니 일이 자꾸만 꼬였습니다. 늘 바쁜데 매일 제자리걸음을 하는 것 같았습니다. 저는 어쩐지 눈앞에 있는 허들을 멋지게 뛰어넘을 줄만 아는 사람이 된 것 같았습니다. 허들을 넘어 어디로 갈지, 그렇게 하려면 어떤 허들을 넘어야 하는지 생각할 겨를은 없었어요.

그렇다고 이대로 실망하기만 해야 할까요. 최선을 다해 살았는데 이런 사람이 되었으니 앞으로도 이런 사람의 인생을 살아야 할까요. 조금 더 나은 사람이 될 수는 없을까요. 돌아보면 그저 살아남기만 한 것 같습니다. 생존만으로도 대단하다는 말은 다정한 친구의 언어 속에만 존재하겠지요. 하지만 세상은 친구처럼 다정하지 않습니다. 이대로라면 저는 몽상가에 그치고 말 거라는 불안이 엄습했습니다.

영원히 이렇게 살 수는 없으니 잠시 멈춰보기로 했습니다. 다른 문제를 해결하기 전에 나를 붙잡고 있는 여러 가지 문제부터 집중해 해결해보기로 했어요. 답답할 때마다 책을 들었습니다. 매달리듯 답을 찾았습니다. 심리학자 제인 B. 버카와 르노라 M. 위엔이 쓴 《미룸 : 달콤한, 그러나 치명적인 습관》에는 이런 부분이 있습니다.

이 책을 쓰는 내내 우리는 "쓸 게 너무 많이 남았어." "제 시간에 절대로 못 끝낼 거야." "잘 쓰지 못하면 어떻게 하지?" 이런 걱정들 때문에 무척 심란했던 적이 많다. 책 쓰기는 감당하기 힘든 과업 같아서 압도되는 느낌이었다. 그때 이렇게 말했다. "그렇게까지 앞서 생각하지 말자. 그저 한 번에 한 걸음씩 나아가자." 그 말 덕분에 우리는 비참한 미래에 대한 두려움에서 시선을 거두고 현재를 위한 행동 계획을 세울 수 있었다. '한 번에 한 걸음'. 이 말에 위안이 된다고 말하는 사람들이 있다. "다 잘될 거야!"라는 말도 도움이 된다. 그 말들을 듣고 받으며 그들은 안도했고, 그래서 계속 나아갈 수 있었다.

미루는 문제를 집요하게 연구해 책을 완성한 두 명의 심리학자조차 이런 생각을 한다는 사실에서 조금은 위안을 얻었습니다. 더불어 '한 번에 한 걸음'이라는 대원칙이 단단하고 새삼스러웠지요. 이런 문장들은 더 큰 지침이 되었습니다.

미루는 사람들은 비현실적인 목표를 세우는 경향이 있다. 자신의 시간과 에너지가 무한하다는 듯이 이상적인 상황만 고려하기 때문이다. 보다 현실적인 목표를 세우기 위해서는 최소한의 목표가 무엇인지 숙고해봐야 한다. 전진감과 성취감을 느끼게 해줄 가장 작은 목표는 무엇인가? 제한된 시간 내에 추구할 수 있는, 보다

큰 목표의 일부가 있는가? 가령, 당신의 이상적인 목표는 집 꾸미기이지만 가장 작은 목표는 소파 천갈이일 수 있다.

열심히 사는 사람에게는 큰 목표가 있습니다. 우리 주변에는 훌륭한 사람도 너무 많지요. 누구나 그들처럼 위대해지고 싶을 수 있습니다. 하지만 너무나 위대하고 원대해서 시작조차 하지 못할 수도 있습니다. 해낼 수 있는데, 다양한 이유로 첫걸음을 떼지 못하는 것이지요. 한 편의 글을 마무리하려면 일단 첫 문장의 마침표를 먼저 찍어야 한다는 사실을 잊는 겁니다. 그럴 땐 작은 목표, 작은 성취감을 노려보는 게 어떨까요. 한 권의 책을 완독하기 위해서는 첫 페이지를 읽어내야 합니다. 일요일을 맞이하려면 월요일부터 살아내야 하지요.

큰 꿈은 멀리 있지만 작은 목표는 오늘부터 달성할 수 있습니다. 오늘의 성취들이 하나하나 모이면 언젠가 꿈에 닿을 수 있을 거예요. 첫 문장을 마무리하면서 찍은 마침표가 마침내 마지막 문장에 도달한 것처럼. 그렇게 한 편의 에세이를 완성한 지금 이 순간처럼 말입니다. 완벽한 글은 아닐 거예요. 하지만 만족합니다. 우리는 같이 시작했고, 함께 불안했지만, 이제 다음 단계로 나아갈 수 있기 때문입니다.

당신이 불안한 이유는
더 나아지고 싶어서입니다

정수리 뒤쪽이 갑자기 싸늘해지면서, 지금처럼 내일도 별로일 거라는 생각이 들 때가 있어요. 아무리 열심히 해도 목표를 이룰 수는 없을 것 같고, 지금 걷고 있는 이 길은 애초에 잘못된 길인 것 같은 기분에 휩싸이지요. 불안의 공격입니다. 불안에는 '엄습'이라는 단어만이 어울리지요. 국어사전은 '엄습'의 의미를 이렇게 씁니다.

1) 뜻하지 아니하는 사이에 습격함

2) 감정, 생각, 감각 따위가 갑작스럽게 들이닥치거나 덮침

우리가 느끼는 감정은 1번과 2번을 합쳐야 설명이 가능할 듯합니다. 출근길 지하철 안에서나 도로 위에서. 일에 열중하다 문득 고개를 든 오후 4시 32분경에도 불안의 습격을 당하곤 합니다. 불안이 뜻하지 않는 사이에, 습격하듯, 갑작스럽게 들이닥치거나 덮치는 순간이지요. 이런 생각이 들곤 했습니다.

'이대로 살다간 그냥 먼지처럼 사라질 수도 있겠다. 나도 모르는 사이에. 이렇게 열심히 사는 와중에.'

회사는 미래를 보장하지 않습니다. 승진이나 이직 때마다 오르는 연봉으로는 삶이 드라마틱하게 변하지 않아요. 이대로 조금 더 오래 살 수 있는 기간을 조금 더 연장할 뿐입니다. 차라리 새로운 영역에서 다시 시작하는 삶을 계획하기도 하지요. 기술을 배우거나 서울을 떠나거나. 때로는 외국에서의 삶을 꿈꾸기도 합니다. 하지만 퇴사가 어디 쉬운가요. '회사 생활이라는 게 다 그렇지' 다시 한번 마음을 잡고 주위를 돌아보면 모두가 전력으로 달리고 있었습니다. 고민에 빠져 있던 나만 제자리인 것 같았지요. 또 불안이 엄습합니다. 망설인 만큼 뒤처졌습니다. 오늘에 대한 불만과 불확실한 미래가 늪 같은 불안을 키우고 있었던 거지요. 불안하니까 멈춰서고, 멈춰섰더니 다시 불안해지는 패턴이 반복되는 겁니다. 우리 모두가 달리고 있는 쳇바퀴라고 해야 할까요.

인생은 하나의 불안을 다른 불안으로, 하나의 욕망을 다른 욕망으로 대체하는 과정으로 보인다. 그렇다고 불안을 극복하거나 욕망을 채우려고 노력하지 말아야 한다는 이야기는 아니다. 노력은 하더라도 우리의 목표들이 약속하는 수준의 불안 해소와 평안에 이를 수 없다는 것쯤은 알고 있어야 한다는 뜻이다.

알랭 드 보통은 《불안》에서 이렇게 씁니다. 따뜻한 위로의 말을 기대한 분들에게는 미안하지만 불안에 잠식당한 인생은 그렇게 말랑말랑하지 않아요. 알랭 드 보통은 불안을 없애는 방법을 말하지 않습니다. 극복하기 위한 비법을 공유하는 것도 아닙니다. 대신 하나의 불안을 지나면 또 다른 불안이 오고, 하나의 욕망을 채우고 나면 다시 비어 있는 욕망으로 이어지는 것이 인생이라고 말합니다. 아무리 노력해도 원하는 수준의 평화에는 도달할 수 없는 것 또한 인생이니, 그걸 알고는 있어야 한다는 거지요.

위로에는 몇 가지 방식이 있다고 생각합니다. 누군가는 공감을 원합니다. 다른 누군가는 존재감을 원하지요. 옆에 있어 주는 것만으로 충분히 위로가 되는 순간도 있습니다. 어떤 사람은 있는 사실을 말합니다. "그거 원래 그런 거야"라며 있는 그대로, 건조하기 이를 데 없는 말을 들려주는 거지요. 알랭 드 보통의 말도 그렇습니다. 따뜻한 공감이 아닙니다. 같이 있어 주는 존재감도 아니지요. 해결책일 리 만무합니다. 다만 알려 줍니다. 인생은 원래 이런 거라고. 욕망과 불안은 끝나지 않고, 아무리 노력해도 소용없다고. 그러니 다채로운 모습으로 엄습하는 불안과 그때그때 대화하는 방법을 찾아보는 게 어떻겠느냐고.

어차피 불안으로부터 자유로울 수 없다면 좀 건설적으로 불안하고 싶었어요. 불안을 기반으로 조금 더 새로워지고 싶었습니다. 퇴사를 결심한 이유이기도 했어요. 회사 안에서나 밖에서도 불안한 것이 인생이라면 회사 밖에서, 나만의 방식으로 불안과 맞서고 싶었습니다. 그래야만 나만의 무기를 만들 수 있을 것 같았어요. 그즈음 주문처럼 외우고 또 외우던 단 하나의 문장을 소개하고 싶습니다.

"두려움은 현실이 아니다. Fear is never actuality.**"**

지두 크리슈나무르티는 인도의 철학자이자 명상가, 정신적 스승이기도 합니다. 저는 이 말을 대학생 시절에 처음 만났어요. 교수님은 두려움이 느껴질 때 그 감정에 대해 잘 생각해보라고 말했습니다. 무엇이 두려운지, 어떻게 두려운지, 왜 두려운지. 그러다 지금, 이 순간을 다시 바라보라고 하셨지요. 지금 이 순간, 나를 그토록 두렵게 하는 그 '무엇'과 '이유'가 실제로 이 세상에 존재하는지 되물었어요.

존재하지 않았습니다. 두려움에는 실체가 없었어요. 오로지 마음의 작용이었습니다. 내 마음이 뿌리 없이 미래에서 맴돌 때, 방황하는 내 마음이 만들어낸 감정의 덩어리였어요. 두려움의 자리에 불안을 넣어 다시 생각해봐도 다르지 않습니다. 불안 역시 근거 없이 미래를 떠도는 내 마음 때문에 생기는 감정이니까요. 미래를 통제할 수 있는 사람은 없습니다. 우리가 통제할 수 있는 건 지금 이 순간의 나 자신, 내 몸뿐이지요. 내가 결정하고 내가 의도한 대로 움직일 수 있는 가장 멋진 의지로서의 몸.

덴마크 철학자 쇠렌 키르케고르가 '불안은 자유의 가능성'이라고 말하면서 "모험가가 자신의 길을 가는 도중에 무서운 것을 만났는지 여부에 괘념하지 말고 그가 자신의 길을 가도록 내버려두기로 하자. 그렇지만 나는 이것이야말로 모든 인간이 겪어야 하는 일이라고 말하고 싶다"고 쓴 이유도 다르지 않을 겁니다. 지금의 두려움과 불안에 괘념치 말고, 떠날 수 있을 때, 자유로운 모험을 떠나자는 거지요. 그래야만 성장할 수 있으니까요. 불안이 느껴지는 곳에 자유가 도사리고 있고, 우리는 그 자유를 누릴 권리 또한 타고난 개인이니까요.

일도 마찬가지입니다. 어디서 어떤 일을 누구와 함께할지는 지금의 내가 결정할 수 있어요. 쉽지 않다고 사실이 아닌 것은 아닙니다. 저도 그랬어요. 어차피 평생 일해야 한다면 되도록 자유롭고 도전적인 방향으로 일하고 싶었어요. 몇 년 전, 회사를 떠나도 괜찮겠다고 생각한 이유였습니다. 지금은 퇴사 후 어느 정도 시간이 흐른 시점입니다. 이제는 동료의 월급을 챙겨야 하는 입장이 됐지요. 쉽지 않은 생존이었어요. 하지만 회사 생활이라고 쉬운 적은 없었습니다. 알랭 드 보통의 말이 옳았어요. 불안은 사라지지 않았습니다. 월급은 회사에서 받던 액수의 절반 정도가 되었지요. 하지만 지금, 이곳의 불안은 현실이 아니라는 사실을 이제는 압니다. 지금의 불안은 더 큰 모험을 위한 자유와 함께니, 나는 무슨 일이든 할 수 있다는 것도 알게 되었어요.

오늘은 오늘의 일이 있고, 내일은 내일의 일이 있을 뿐입니다. 그러니 지금의 나는 내가 선택한 일을 하루하루 완료하는 데 집중할 뿐입니다. 알 수 없는 내일을 자양분 삼아 불안이 날뛰는 순간에도 다만 오늘의 자유를 누리고 싶습니다. 눈앞의 일과 그 일을 하는 내 몸에 묵묵히 집중하는 것입니다. 오늘의 나는 오늘의 일을 합니다. 그렇게 하루하루를 쌓아갈 뿐입니다.

느리지만 분명히 당신은 나아가고 있습니다

돌아보면 암담하던 시기가 있습니다. 혼자서 사업을 막 시작했을 때 특히 그랬어요. 혼자가 된다는 건 바닥부터 시작한다는 뜻이거든요. 바닥에는 바닥 외에 아무것도 존재하지 않았습니다. 규칙도 루틴도 없지요. 상사도 후배도 없습니다. 모든 걸 스스로 정해야 했어요. 가족이나 연인이 도와줄 수 있는 일도 아닙니다. 바닥에 발을 붙이고 있는 건 나 하나. 그 상태로 사회와 맞서는 겁니다.

시스템은 안락하고 사회는 거대했습니다. 나는 가진 게 없었습니다. 그걸 매 순간 깨닫는 거지요. 너무 가진 게 없어서, 어떤 날은 바닥이 아니라 구멍 같았습니다. 끝도 없이 추락하는 것 같았어요. 그런 날은 차라리 바닥을 치기를 기다렸습니다. 일단 발이 땅에 닿으면 주변을 돌아볼 수 있거든요. 그러고 나서야 자신을 볼 수 있을 것 같았습니다. 떨어지는 중에는 아무것도 할 수 없잖아요.

진짜 문제는 도움을 청할 용기도 없었다는 사실입니다. 누구나 사회생활을 10년 넘게 하고 나면 나를 응원해주는 사람 몇 명은 얻게 될 겁니다. 저도 그랬지요. 그 고마운 사람들이 건네는 도움의 손길을 여러 번 느꼈습니다. 그런데 그 마음들을 제대로 받지 못했어요. 오로지 하강하고 있었기 때문입니다. 그게 너무 괴로워서 바닥만 보고 있었기 때문이에요. 스스로 생각하는 나는 너무나 보잘것없는 존재 같았고, 도움을 받는다 해서 은혜를 갚을 수 있는 방법이 떠오르지 않았습니다. 스스로 그 도움들을 받을 가치가 없는 사람이라고 생각한 거예요. 맞아요. 위축돼 있었습니다. 혼자서.

누구나 이런 시기가 있을 거예요. 일은 마음대로 되지 않고, 좀처럼 손에 붙지도 않지요. 어디서나 혼자인 것 같아요. 문득 돌아보면 쌓인 것들이 하나도 없어 보입니다. 그 상태로 3년 정도가 지났을까요. 새로운 사업에 대해 조금씩 알게 되고 경험치도 쌓이면서 조금씩 마음이 놓이기 시작했습니다. 마침내 바닥을 친 것 같았어요. 둘러보니 작게나마 의미 있는 것들이 쌓여 있었어요. '아무것도 아닌 상태'에서 조금씩 벗어나기 시작했다는 판단을 스스로 할 수 있게 되면서 가까스로 떳떳해졌어요.

당신은 퇴보하지요. 그리고 앞으로 나아갑니다. 다시 퇴보한 후에는 앞으로 더 나아가지요. 이러한 과정은 계속 되풀이됩니다. 그래서 우리는 위기가 필요해요. 여기에는 두 가지 진실이 있어요. 하나는 지금 일어나고 있는 일의 혼잡함을 그저 바라보는 것이고 다른 하나는 좀 더 높은 관점에서 지금 일어나고 있는 일이 우리의 성장과정 중 일부라는 것을 알아차리는 일이에요.

세계적인 영적 지도자이자 작가인 에크하르트 톨레는 이렇게 말했습니다. 너무나 옳은 말이지만 또 어려운 말이기도 하지요. 옳고도 어려운 이유는 제가 겪은 시간 안에 다 들어 있습니다. 퇴보하는 순간에는 퇴보 외에 다른 것을 보기가 너무나 힘들기 때문이에요.

떨어지는 사람에게는 바닥만 보입니다. 추락에는 익숙해질 틈도 없지요. 그렇지 않아도 경주마처럼 좁은 시야로 달리기만 하던 사람인데, 떨어질 때의 시야는 무슨 점 같았습니다. 바닥 외에는 어떤 것도 보이지 않았어요. 그렇게 막막한 기분. 막막한 기분 때문에 조금 더 빨리 떨어지는 듯한 절망.

에크하르트 톨레도 상상하기 힘든 절망을 경험한 사람입니다. 불우한 어린 시절과 우울증, 몇 차례 자살시도를 하고 나서야 깨달음을 얻었다고 하지요. 다양한 철학과 명상법을 공부하고 수련하면서 사람들과 나누기 시작했어요. 제가 느낀 바닥과 톨레가 느낀 바닥의 깊이는 얼마나 달랐을까요. 불행을 비교하는 것은 의미 없는 일이지만, 불행의 복판에서 톨레가 권하는 대응 방식은 평생을 걸고 수련할 만합니다.

핵심은 두 단어로 이루어져 있습니다. 하나는 '바라보는 것' 두 번째는 '알아차리는 것'. 두 단어는 순차적으로 이어져 있습니다. 일단 바라봐야 비로소 알아차릴 수 있으니까요. 쉽지 않습니다. 추락하는 사람이 당황, 우울, 허무, 체념의 벽을 넘어 추락 중인 자신을 바라보려면 얼마나 침착해야 할까요. 얼마만큼이나 자기 객관화가 몸과 마음에 배어 있어야 할까요. 다행인 것은, 역시 톨레의 말대로, 이 과정이 영원히 반복된다는 사실 그 자체일 겁니다. 퇴보도 성장도 그 상태로 영원히 지속되지는 않는다는 뜻이에요. 저도 그랬습니다. 여전히 추락과 바닥을 반복 경험하고 있어요.

하지만 추락과 절망도 경험일까요. 두 번째 추락할 때의 시야는 첫 번째보다 조금 넓게 느껴졌습니다. 세 번째는 '또냐?' 싶었지요. 네 번째는 '오케이, 다시 추락이구나' 하는 마음으로 어느 정도는 제 마음의 파도를 감당할 수 있게 되었어요. 그럴 때 요가 매트 위에 엉덩이를 깔고 앉아 눈을 감으면 지금의 내가 어떤 상태인지, 마침내 바라보려는 시도 정도는 할 수 있게 되었습니다. 일단 인지하고 나면 다른 대응을 할 수 있게 됩니다. 최소한, 이렇게 떨어지다 닿는 곳이 또 다른 바닥이라는 사실만은 정확히 알게 되지요. 그렇게 도달한 바닥은 그냥 바닥이 아니게 됩니다. 발판이지요.

개인의 성장은 어쩌면 역사와 같은 걸까요. 한 발 전진하면 두 발 후퇴하고, 끙끙대면서 세 발 전진하면 다시 두 발 후진하는 식으로 어떻게든 시간은 흐르게 마련이니까요. 돌아보면 어느새 삶은 나아져 있고, 인류는 조금 더 나은 생활을 영위할 수 있게 된다는 사실이야말로 역사의 약속이기 때문입니다. 그러고 보니 《팩트풀니스》의 작가 한스 로슬링은 너무나 친밀하면서도 치열한 방식으로 말했지요. 세상은 느리지만 분명히 나아지고 있다고.

목표가 없는 사람은 없을 거예요. 하루에는 하루치의 목표가, 1년에는 1년치의 목표가 있습니다. 개인의 역사와 인류의 진보는 다르지 않을 거예요. 하루하루, 느리지만 분명히 나아가는 것입니다. 그러니 오늘은 위축되는 마음과 추락이야말로 성취의 가장 가까운 친구라는 사실을 새롭게 바라보고 싶습니다. 그래서 이 다음 추락하는 순간에는 조금 더 넓어진 시야로 침착하게 알아채고 싶습니다. '나는 떨어지고 있구나. 다시 바닥을 보겠구나. 바닥을 보고 나면 다시 올라갈 수 있겠구나' 하고요.

기억하기로 해요. 열심히 살아 이루려는 사람만이 좌절합니다. 우리는 살아 있는 한 멈추지 않기 때문입니다.

조급해하지 마세요,
당신은 다시 시작할 수 있습니다

이 시대에는 누구나 바쁘게 살아갑니다. 누구나 일정 수준 이상으로는 쫓기고 있지요. 돌아보면 늘 지난 시간이 훨씬 여유 있었습니다. 그때는 그런 줄 몰랐고, 그렇게 여유로운 시간에도 늘 쫓기고 있었는데도 말이지요. 그래서 문득 이런 생각을 해봤습니다.

'실은 지금도 그때와 같은 상황이 아닐까? 지금은 시간이 모자라고 모든 게 부족한 것 같지만, 1년 후에 돌아보면 지금이 오히려 여유 있는 때가 아닐까?'

마치 옛날 사진을 볼 때와 같은 기분이지요. 그때의 나는 외모도 옷차림도 마음에 안 든다고 생각했지만 지금 꺼내 보면 너무나 젊고 예쁘고 멋진 나를 만날 수 있는 것처럼. 그러니 '지금이 가장 예쁜 때'라는 사실을 늘 염두에 두고 살자는 조언도 많이 들어보셨지요?

지금의 나를 보는 마음이 만족스럽지 않은 이유가 있어요. 거울 속에 있는 나를 보면서 내가 아닌 어떤 이미지를 원하기 때문입니다. 내 얼굴을 보면서 배우 정우성을 생각하는 순간이 얼마나 불행하겠어요. 내 얼굴을 볼 때는 내 얼굴을 봐야 합니다. 바빠서 여유가 없는 상황도 비슷해요. 조바심이나 조급함은 마음의 문제이고, 현실은 그렇게까지 엉망이 아닐 수 있거든요. 핵심은 '지금'을 제대로 인지하는 거예요. 급하게 생각하지 않아도 됩니다.

일단 조바심이 어떤 마음인지부터 한번 살펴볼까요? 단어의 정의를 직시하고 살펴보면 미처 인지하지 못하던 사실이 명확해집니다. 국가 공인 브레인 트레이너 양은우는 《당신의 뇌는 서두르는 법이 없다》에 이렇게 썼습니다.

조바심은 해야 할 일이 있을 때 그것을 잘하고 싶지만 제대로 되지 않을 것 같아 초조와 불안을 느끼는 일을 일컫는다. 사전적 정

의는 '조마조마하여 마음을 졸임, 또는 그렇게 졸이는 마음'이다.

내일모레 시험이 있는데 자꾸만 망칠 것 같은 느낌에 사로잡히는 상황. 시험이 아니라 경쟁 프레젠테이션, 모레까지 마감해야 하는 원고나 숙제일 수도 있습니다. 이미 망칠 것 같은 일에 집중하기는 쉽지 않습니다. 해도 안 될 것 같거든요. 마음이 조마조마해서 얼른 착수해야 하는데 자꾸 방해받는 상황도 괴롭지요. 온전히 집중하는 상황에서는 사소한 방해에 의연할 수 있지만 조바심에 지배당하고 있을 때는 그렇지 않아요.

어차피 한 시간 전부터 조마조마한 마음 때문에 아무것도 할 수 없었지만 누군가 방해하는 순간, '너 때문에 아무것도 할 수 없잖아!' 소리 치고 싶은 마음이 들고 마는 거예요. 친구한테 메시지가 와서, 좋아하는 유튜버가 새 영상을 올려서, 남부 지역에 비가 너무 많이 내려 걱정이 되어 일을 할 수 없게 됩니다. 핑계에 의존하는 거지요. 심지어 오후 9시부터 집중하려고 했는데 딴짓을 하다가 9시 3분이 됐다는 이유로 착수하지 않기도 합니다.

이런 상황이 얼마간 지속되다 보면 주객이 전도되는 상황에 놓이기도 합니다. 내내 망칠 것 같은 생각에만 사로잡혀 있는 거예요. 걱정이 걱정을 낳고, 그게 너무 심해지니 자포자기하는 지경에 이릅니다. 어차피 해도 안 될 테니 차라리 지금 시간을 편하게 보내는 게 낫지 않겠느냐는 말도 안 되는 생각을 하게 되는 거지요. 그냥 하면 될 일을 스스로 포기하게 만드는 것이 조바심의 진정한 악랄함입니다.

하지만 아무리 악랄하다 해도 결국 내 마음이 하는 일입니다. 마음과 나는 어쨌든 같이 살아야 하고, 그 때문에 괴롭다면 길들여야 해요. 일을 해야 성과를 올릴 수 있고 그래야 원하는 삶을 쟁취할 수 있는 가능성이 조금이나마 커집니다. 어차피 바깥 세상에는 내가 통제할 수 없는 것 투성이지요. 그런 것들은 일단 포기합시다. 대신 내 것만은, 어떻게든 내 마음만은 통제할 수 있는 방법은 알아야 하지 않을까요.

저는 마음챙김 전문가들의 조언, 제 요가 선생님들과의 경험에서 답을 찾곤 합니다. 마음챙김은 마인드풀니스Mindfulness라는 단어로도 잘 알려져 있어요. 마음챙김의 선구자로 널리 알려진 존 카밧진에 따르면, 마음챙김이란 '순간순간 주위의 장에서 일어나는 생각이나 감정 및 감각을 있는 그대로 인정하고 수용하면서 판단을 더하지 않고 현재를 중심적으로 또렷하게 알아차리는 것'이라고 정의합니다.

좀 어렵지요? 하나하나 풀어볼게요. 일단 내 마음을 알아채는 게 중요합니다. 마음의 상태에 이름표를 붙여준다고 생각해보세요. 조바심이면 조바심, 조급함이면 조급함, 조마조마함이라면 또 '조마조마함'이라고 작게 손글씨로 적어두는 겁니다. 마음의 정체를 알게 되면 전보다는 조금 덜 휩쓸리게 됩니다. 인식하지 못하던 때에 비해 객관적인 태도로 내 마음을 바라볼 수 있게 되는 거예요. '지금 나를 괴롭히는 너, 내가 하고자 하는 일의 효율을 떨어뜨리는 너의 이름은 조바심이구나' 뚜렷하게 생각하게 되는 거예요.

여기까지 성공했다면 이제 이 마음에서 멀어질 차례입니다. 잠잠해질 수 있도록 달래고 길들여야 할 차례지요. 일어나지 않은 일에 휘둘리던 마음을 현실로 가져와야 합니다. 일을 하는 나, 효율적인 나, 여느 때와 같이 잘해낼 수 있는 내가 존재하는 현실로 돌아오는 거예요. 이 순간부터는 눈을 한번 감아보세요. 일단 멈추는 거예요. 그런 채 귀에 들리는 소리, 주변에 들리는 소리에 귀를 기울여보세요. 내 숨소리에 집중하는 것도 좋은 방법입니다. 불안하고 어려워도 일단 한 번 해보세요. 마음이 가라앉을 때까지.

쉽지 않을 겁니다. 그렇지 않아도 마음이 급해서 조마조마한데 일단 멈춰야 한다니요. 하지만 이거야말로 유일한 방법입니다. 마음의 장난으로부터 자유로워질 수 있는, 담백하게 마음을 길들일 수 있는 가장 근본적인 방법이기도 해요. 아무래도 눈을 감는 게 불안하시다면 박차고 일어나보세요. 밖으로 나가서 걸으세요. 산책은 또 하나의 강력한 마음챙김이거든요. 몸을 움직이면 마음이 가라앉는 게 느껴질 겁니다. 5분이나 10분이라도 좋아요. 일단 움직이는 게 중요합니다. 최고의 니체 전문가로 손꼽히는 일본의 철학자이자 작가, 시라토리 하루히코는 《니체와 함께 산책을》에 이렇게 썼습니다.

산책이란 니체에게 현실적인 구원이었다. 그 구원은 도시와 사람들, 번잡한 세상사에서 물리적으로 최대한 멀리 벗어나는 일이었다. 그리고 자연에 파묻혀 스스로 자연의 일부로 녹아드는 일이었다.

니체에게 번잡한 세상사는 일종의 방해요소였을 겁니다. 자연의 일부로 녹아드는 일이야말로 고도의 집중력을 유지하는 상태였을 테니까요. 눈을 감고 주변 소리를 듣는 것을 소리 명상이라고 합니다. 산책은 걷기 명상이기도 하지요. 명상은 스님이나 수행자들만 하는 게 아니에요. 누구에게나, 어쩌면 매일 필요한 습관입니다. 마음을 가라앉히고 바라보는 모든 행위가 명상이라고 할 수 있어요.

조바심, 조급함 같은 마음의 상태는 그 자체로 괴물 같습니다. 휘둘리면 답이 없어요. 아무 일도 제대로 할 수 없게 됩니다. 하지만 지옥 같은 마음의 복판에서도 하나만 기억하시면 좋겠습니다. 마음의 괴물을 잠재울 수 있는 힘 또한 마음속에 있습니다. 당신 안에 이미 존재하는, 강력하고도 다정한 힘입니다.

당신을 끝까지 사랑할 수 있는 사람은 당신뿐입니다

직장 문제로 불안해하는 친구와 한참을 이야기하던 날이었습니다. 악인에 가까운 상사가 있는데 일은 교착상태였어요. 뭐 하나 시원한 게 없었습니다. 이직을 생각하고 있었지만 헤드헌터한테서 연락 오는 곳들은 하나같이 미적지근했지요. 친구는 미칠 지경이라고 했습니다. 당연하겠지요. 출근은 괴롭고 출구는 없으니까요. 우리 일상에서 일이 차지하는 비중은 정말이지 어마어마합니다. 일이 답답하면 인생이 답답하게 느껴지거든요. 회사가 곧 인생은 아닌데도요.

"그럼 사주라도 한 번 봐."

답답해하는 친구에게 제가 권했습니다. 몇 번의 술자리 푸념으로 달래질 마음이 아닌 것 같았거든요.

"어디 잘 보는 데 알아?"

다행히 한 군데 전화번호를 알고 있었습니다. 스스로 고비라고 느껴질 때, 가끔 전화로 상담을 받는 어른이 한 명 있거든요. 저도 소개받아 알게 된 사람이고, 역술가라기보다 상담사에 가까운 느낌이었습니다. 사주를 풀거나 점괘를 받는다기보다 이야기를 나누고 조언을 구하는 쪽에 가까운 상담이었지요. 며칠 뒤, 친구는 그 어른에게서 조금 위안을 찾은 것 같았습니다. 다행이었어요. 이후의 직장생활도 나쁘지 않았습니다. 나름의 돌파구를 찾은 거예요.

어떤 사람은 종교 때문에, 다른 사람은 과학적 근거가 희박해서, 오로지 나 자신만을 믿기 때문에 사주를 기피하기도 합니다. 저는 늘 편하게 생각했어요. 사람이 문학작품이라면 다양한 해석이 있을 수 있고, 사주는 일종의 학문이니 보는 사람에 따라 다양한 해석이 가능하다고 생각해왔습니다. 듣고, 묻고, 취할 것만 취하면 된다고 생각했지요.

어떤 때는 돈이 아까웠고, 다른 때는 결정적인 도움을 받기도 했습니다. '동쪽으로 가면 큰 돈을 번다'는 식의 조언에는 귀를 기울인 적도 없어요. 다만 상담 후 편안해진 마음으로 나 자신과 주변 상황을 편하게 인지할 수 있는 여유를 찾은 거지요. 그 정도면 충분하지 않은가요. 조언의 역할이란 늘 그 정도 아닌가요.

사주가 조언이라면, 조언의 효과는 역시 제3자의 시선으로 어떤 상황을 바라볼 수 있다는 점이 아닐까 싶습니다. 또한 약간의 공감이겠지요. 혹은 미래에 대한 긍정일 수도 있습니다. 심리학에서는 '바넘 효과Barnum Effect'로 사주의 효과를 설명하기도 합니다. 일반적인 사람이라면 누구나 해당될 수 있는 특징을 설명해주면 그걸 자기 자신만의 고유한 특성으로 받아들인다는 거예요. 일간지 귀퉁이에 나오는 띠별 운세, 월간지 뒷장에 있는 별자리 운세가 가장 대표적인 경우일 겁니다.

임상심리학자 조영은 작가는 그의 블로그 포스팅에서 아주 재미있는 일화를 소개했습니다. 과학자로서 사람의 미래가 사주팔자에 따라 미리 정해져 있다는 생각에는 동의할 수 없지만, 그동안 몇 번 역술가에게서 조언을 들어본 결과 신기하게 맞아떨어지는 경험을 하기도 했다는 겁니다. 대학 입시나 출간, 가족의 결혼도 묘하게 맞혔다는 거예요. 그러곤 이렇게 썼습니다.

수년간 잊고 있었지만 그 이야기를 들은 무의식 속에 남아 내 인생에 영향을 주었던 것 같다. 좌절이 지속되는 상황에서도 '나는 잘될 거라고 했으니까. 지금은 힘들어도 결국은 잘될 거야!'라고 믿으며 희망을 잃지 않았던 것이다. 즉 심리학에서 말하는 '자기 충족적 예언Self-Fulfilling Prophecy'이 내가 그리는 상황을 만들어내며 실현시켜가고 있었던 것이다.

〈정신의학신문〉에 실린 정정엽 정신건강의학과 전문의가 쓴 칼럼에 따르면, '자기 충족적 예언'이런 어떤 일이 어떤 방식으로 일어나고 어떤 결과가 생길 거라고 예상하는 믿음이나 기대가 실제로 나타나는 경향성을 의미합니다. 미국 사회학자 로버트 머튼이 처음 소개한 개념이에요. 1928년, "어떤 상황을 사실이라고 규정하면 정말 그런 결과를 낳는 사실이 일어난다"고 주장한 사회학자 윌리엄 아이작 토머스의 주장을 발전시킨 정의지요.

"생각하고 믿는 대로 이루어진다"고 거칠게 말해버릴 수는 없을 겁니다. 그건 판타지나 종교의 영역이겠지요. 하지만 마음속으로 안 될 거라고 생각하던 일이 거짓말처럼 이뤄질 확률보다는 간절히 바라며 믿는 일이 실제로 이뤄질 확률이 높은 것만은 확실합니다. 마지막 코너킥을 앞두고 '할 수 있다'고 되뇌는 축구 선수처럼. 2023년 월드 베이스볼 클래식에서 미국과 치르는 결승전을 앞두고 "우승을 하기 위해 온 만큼 오늘은 그들을 동경하는 마음을 버리자. 이기는 것만 생각하자"며 동료들을 독려하던 오타니 쇼헤이처럼 말입니다.

사는 게 만만치 않습니다. 하루하루 쉽지 않아요. 친구도 마음 같지 않고 가족도 버거운 때가 가끔은 오게 마련입니다. 아무래도 혼자인 듯한 마음 때문에 힘들 땐 그저 혼자라는 사실에 몰입하는 것도 나쁘지 않습니다. 아무리 둘러봐도 출구가 보이지 않고 막막할 땐 아무도 아닌 사람에게서 조언을 들어보는 것도 나쁘지 않을 거예요. 학문과 미신의 경계에서, 인간은 참 다양한 방식으로 나를 알고 서로를 이해할 수 있는 방법들을 고안해온 것입니다. 혈액형으로 성격을 유추하거나 서로의 MBTI를 소재로 나누는 대화가 흥미로운 것도 비슷한 맥락이겠지요.

다만 이거 하나는 잊지 마세요. 제아무리 뛰어난 역술가가 당신의 사주를 풀어준다 해도 그건 결국 그의 말이 아니라 당신 자신에 대한 이야기입니다. 당신을 가장 잘 알고, 언제나 책임져야 하고, 끝까지 사랑할 수 있는 사람은 오로지 당신 자신이라는 뜻이에요. 누군가의 달콤하거나 불길한 예언에도 흔들리지 마세요. 친구와 함께일 때나 외롭고 불안할 때도 마찬가지입니다. 아무리 힘든 하루였어도, 사나운 일진으로 기진맥진한 하루라도 마침내 돌아와 스스로 쉴 수 있는 사람은 당신 자신뿐이기 때문입니다.

당신이 좋아하는 것들로 당신을 정의하세요

그냥 버려진 듯한 기분으로 집에 돌아오는 날이 있었습니다. 사람에게 버림받았거나, 누군가에게 이용당했다는 느낌이 들 때도 있지요. 지나치게 이기적인 태도로 대화하는 사람을 만나 완전히 소진됐는데, 그걸 알면서도 다 받아준 스스로가 참 바보 같아서 또 바닥을 치는 날도 있었습니다.

그럴 땐 정답이 없어요. 보기 싫은 사람이 있다 해서 당장 회사를 그만둘 수는 없습니다. 그 사람을 갑자기 인생에서 지워버릴 수도 없지요. 오늘 이기적인 사람은 내일도 이기적일 겁니다. 그런 사람한테 "넌 너무 이기적이구나" 말하는 것도 소용없습니다. 이미 수십 년을 그렇게 살아온 인생이거든요.

다만 바뀌지 않는 사실 하나는 있습니다. 우리는 퇴근을 하고 나면 집으로 돌아온다는 사실. 크든 작든, 내가 통제할 수 있는 아주 작은 공간에서 잠깐이나마 나만의 시간을 보낼 수 있다는 거예요. 하루종일 내가 통제할 수 없는 요소들로부터 받은 스트레스를, 드디어 내가 통제할 수 있는 방법으로 잘 달랠 수 있는 순간이 온 겁니다.

제 경우는 방 한 모퉁이에 썩 괜찮은 의자가 하나 있었습니다. 등받이 각도를 매우 편안하게 조절할 수 있고 다리를 올려놓을 수도 있었어요. 책상 근처에 가방을 던져놓고 간단히 세수를 하고 와선 그 의자에 몸을 맡겼습니다. 그러곤 눈을 감았지요. 숨을 쉬었어요. 생각했습니다. 오늘 있었던 일과 아까 들었던 말. 그 이미지들을 종이 한 장으로 만든 다음 구겨버렸습니다. 박박 찢기도 하고요. 그래도 분이 풀리지 않으면 호로록 태워버리기도 했습니다. 재로 만들어버린 후 바람에 날려버렸어요.

샤워를 하면서 좋아하는 향을 한껏 느낄 수도 있을 겁니다. 헤드폰을 쓰고 귀가 쩌렁쩌렁하게 울릴 정도로 좋아하는 노래를 들을 수도 있겠지요. 인센스 스틱 하나가 차분하게 타들어가는 동안 지난 일들을 연기처럼 날려버릴 수 있다면. 그렇게 개인적인 의식 하나 정도를 갖고 있다면 조금은 산뜻한 기분으로 잠들 수 있을 겁니다. 그런다고 뭐가 달라지냐고요? 눈을 뜨면 다시 똑같은 하루가 시작되는 거 아니냐고요?

맞습니다. 하루가 다시 시작되는 걸 내가 통제할 수는 없지요. 회사에 가면 어제 그 사람이 어제 그 자리에 앉아 있을 겁니다. 그 역시 내가 통제할 수는 없어요. 다만 내 기분과 태도만은 통제할 수 있습니다. 중요한 건 결국 내 기분, 이 글을 읽는 당신의 기분이니까요. 태도가 하루를 바꿉니다. 하루가 바뀌면 일주일이 바뀌고, 그게 쌓이면 1년 혹은 일생이 바뀐다는 말은 굳이 강조하지 않겠습니다. 우리는 알면서도 자주 실패하니까요. 사실 하루를 바꾸는 것도 쉽지 않거든요. 대신 순간에 집중할 수는 있을 겁니다. 그 찰나의 기분에.

작은 방이라도, 내 몸이 쉴 수 있는 공간을 좋은 것들로 채우는 건 그래서 중요합니다. 그건 내 방을 친구로 가득 채우는 일과 다르지 않거든요. 내가 의지하고 누울 수 있는 자리, 마음을 가다듬고 다시 새로워질 수 있는 장치와 계기들을 곳곳에 마련해두는 거예요. 어렸을 때 제 방에는 CD와 CD 플레이어, 책과 영화 포스터와 피아노가 있었습니다. 따뜻한 노란색 벽지를 바른 방인데, 그 역시 직접 고른 것이었습니다.

"중학생 남자애 방에 이런 벽지를 고르는 경우는 정말 흔치 않은데 요…."

조금 곤란해하시는 남자 사장님에게 어머니가 하신 말씀은 이런 것이었어요.

"자기 방이니까 좋아하는 거로 해야죠. 제가 보기에는 아주 예쁘네요."

그날 이후 아주 오랫동안 저는 그 방을 '노란방'이라고 부르면서 좋아했습니다. 학창시절의 공부와 휴식과 성장이 그 방에 다 있었지요. 그 방에서 얻은 것들을 기반으로 지금도 삶을 꾸려가고 있습니다. 여전히 좋은 노래를 듣고 있어요. 지금 이 글을 쓰는 책상 옆에도 피아노가 있습니다. 방이 아니라도 좋아요. 의자 하나, 책 한 권일 수도 있습니다. 핵심은 내가 좋은 것. 나를 쉬게 하고, 다시 긍정적인 사람으로 만들어주는 아주 개인적인 장치일 뿐이에요.

그 방을 생각하면 지금의 저를 정의할 수 있을 겁니다. 대화를 즐기지만 혼자 있는 시간이 필요하고, 좋아하는 영화는 시간이 허락할 때마다 조금씩 다시 보기를 즐기며, 좋아하는 노래를 듣다가 갑자기 피아노 앞에 앉는 사람. 매번 연습하는 곡을 다시 치지만 능숙해질 정도로 연습하지는 않는 사람. 좋아하는 책들에 둘러싸여 있지만 그걸 열심히 읽지는 않으면서 또 다음 책을 살 궁리를 하는 사람….

"당신이 좋아하는 것으로 당신을 정의하세요. (중략) 우리는 자신을 어떤 것의 반대쪽에서 정의하는 경향이 있습니다. 하지만 여러분들은 사랑하는 것을 표현하려 노력해보세요. 당신이 열망하는 것에 감정을 드러내고 관대해지세요. 감사 카드를 보내고, 열렬한 기립 박수를 보내세요. 배척자가 아닌 지지자가 되어보세요."

티모시 데이비드 민친이라는 희극인이자 작가가 서호주 대학교 졸업식 축사에서 한 말입니다. 팀 민친이라는 이름으로 더 잘 알려져 있지요. 배우이자 음악가, 감독이기도 합니다. 여러 편의 뮤지컬에 출연했고, 작곡과 작사를 하기도 해요. 그가 대학을 졸업하는 학생들에게 전하는 아홉 가지 인생 지침 중 하나입니다. 자신이 싫어하는 것을 표현함으로써 자신을 정의하려 하지 말고, 좋아하는 것으로 스스로를 정의하라.

어려운 일입니다. 세상은 사실 싫은 것들로 가득하거든요. 만나면 누구 욕으로 시작해 다른 사람 욕으로 끝나는 사람의 마음도 그럴 겁니다. 싫은 게 너무 많으니까요. 유명하지만 맛이 없는 식당, 새 노래를 발표했는데 퇴보한 게 분명한 가수, 금방 탄로 날 거짓말을 밥 먹듯이 하는 뻔뻔한 정치인까지. 좋은 것들은 눈을 부릅뜨고 찾아야 해요. 그리고 한껏 좋아해야 합니다. 좋아하는 이유를 찾고 곱씹으면서 한 번 더 좋아해야 하지요. 그럴 가치가 있으니까요.

가까스로 좋은 것들을 찾았다면 기꺼이 곁에 두세요. 가까이 두고 자주 보세요. 자주 경험하고 즐기세요. 그 감각과 취향과 마음가짐으로, 좋은 것들을 흠뻑 좋아하는 마음 자체로 스스로를 정의하세요. 사람도 마찬가지입니다. 좋은 사람에게, 소중한 사람에게 그렇게 하세요. 맘껏 사랑하고 가꾸면서 표현하는 겁니다. 좋은 것들이 귀한 만큼 좋은 마음도 귀합니다. 그런 마음을 제대로 쓸 줄 아는 사람이 귀한 사람이에요. 부정보다 긍정, 욕보다 칭찬, 야유보다 환호로.

싫어하기만 하면서 쉬워지지 마세요. 부정적인 마음으로 흔한 사람이 되지도 마세요. 부릅뜬 눈으로 좋은 사람과 좋은 것들을 알아보세요. 좋은 마음을 아낌없이 쓰세요. 모쪼록, 어려워도, 주변을 좋은 것들로 채우려고 해보세요. 싫은 게 너무 많아서 흔해빠진 세상에서 스스로를 소중하게 가꿔가는, 거의 유일하게 효과적인 방법이에요.

2장

살아 있는 한
여행은 끝나지 않고
우리는 또 누군가를
만나게 될 거예요

어쩌면 우리는 모두 각자의 지도를 들고
미지의 땅을 헤매는 여행자 같아요.
누구와 만나고 헤어지든
서로에게 위도와 경도가 된다는 사실이
여행자에게는 얼마나 큰 배움인가요.

그 사람은
손절하는 게 좋겠습니다

한때 무척 가까웠지만 지금은 볼 수 없게 된 사람이 있을 겁니다. 시간은 만남과 이별이 사슬처럼 이어지면서 흐르는 것 같아요. 이제는 관조하는 여유가 생긴 것 같기도 합니다. 만남에는 큰 기대를 갖지 않아요. 헤어짐에도 지나친 의미를 두지 않지요. 익숙해지는 겁니다.

지금 멀어진 사람들을 하나하나 돌이켜보면 진작에 멀어졌어야 하는 사람이 많았습니다. 물론 좋은 사람들은 자연스럽게 곁에 남아 있어요. 미처 몰랐지만 변함없이 꾸준한 신뢰와 애정을 보내주는 관계를 문득 깨닫기도 하지요. 그럴 때의 놀라움과 고마움이 지난 상처를 조금씩 덮어주기도 하고요.

하지만 이런 시간, 개별 사건들이 마냥 선선하게 찾아오는 건 아닙니다. 싸우고, 의심하고, 상처받고, 실수하는 과정들을 반복하면서 자기만의 데이터를 쌓아가는 거지요. 그 과정을 가만히 들여다보니 몇 가지 신호를 파악할 수 있었습니다. 나만의 빅데이터에 따라, 같은 실수를 반복하지 않도록 스스로 경고등을 켤 수 있게 되었지요. 그 몇 가지 신호 중, 오늘은 꽤 확실한 두 가지 신호를 공유하려고 해요.

일단 '입안의 혀'처럼 굴고 싶어 하는 사람은 경계하는 게 좋습니다. 넓게 말하면 아부, 구체적으로 잘라 말하면 '아첨꾼'이라고도 할 수 있겠지요. 이런 사람들은 짐짓 듣기에 좋은 말, 나를 높여주는 듯한 태도로 하루하루 접근해옵니다. '시나브로'라는 말이 잘 어울리는 태도라고 해야 할까요. 평소에 아무리 겸손한 성품을 지닌 사람이라도 아첨이 몸에 배어 있는 사람을 만나면 흔들리기 쉽습니다. '모르는 사이에 조금씩 조금씩' 관계를 형성해가는 거지요. 이런 사람은 어디에나 있습니다. 어쩌면 인간의 본능일 거예요.

위계는 모든 종류의 동물사회와 인간사회에 만연해 있고, 위계가 있는 곳에는 반드시 아부가 있다. 아부야말로 지위를 올려주는 탁월한 기술이기 때문이다. 인류역사상 평등주의가 철저하게 지

켜진 사회는 단 한 번도 없었다.

미국 시사 주간지 〈타임〉의 편집장을 역임하고 오바마 정부에서 국무부 공공외교 및 공보담당 차관을 지낸 리처드 스텐걸은 《아부의 기술》에서 이렇게 썼습니다. 그는 아부야말로 생존 전략이라고도 말합니다. "어느 사회에서든 높은 지위에 있는 사람과 친하게 지내는 것처럼 현명한 생존 전략은 없다"고도 썼지요. 하지만 아부와 아첨은 조금 다릅니다. '아부'가 그나마 있는 사실을 적절히 하는 말이라면 '아첨'은 허위 사실을 토대로 상대를 칭찬하는 거예요. 자기 이익을 위해 필요한 사람의 비위를 맞추며 환심을 사려는 시도입니다. 이런 사람 역시 어디에나 있습니다. 아첨 대상이 되는 데에는 엄청난 부와 명예가 필요하지 않아요. 입사 2년 차에 선배가 되거나 대리가 되었을 때도, 과장이나 차장이 되었을 때도 경험할 수 있지요.

알면서도 멀리하기가 쉽지 않아요. 그러는 사이 어떤 관계가 형성되기도 하거든요. 꾸준히 나를 높여주고 자신을 낮추면서 내가 원하는 방식으로 움직이며 듣고 싶은 말만 들려주는 사람에게는 나도 모르게 의존하는 경향이 생기기도 합니다. 누군가 필요한 순간 늘 곁에 있으니까, 섣불리 '친구'라는 단어를 떠올리기도 하지요. 하지만 그런 사람들은 더이상 취할 게 없다는 판단이 섰을 때 뒤도 돌아보지 않고 떠납니다. 그들과 함께한 시간에는 사실 관계랄 게 별로 없었던 셈이지요.

누가 누구를 버리느냐의 문제가 아닙니다. 어떤 관계도 단순치는 않아요. 사람과 사람의 관계에는 복잡한 단계와 결이 있습니다. 다만 이런 사람이 마침내 당신 곁을 떠났을 때, 애초에 진심이랄 게 없던 관계에 집착하지 않으면 좋겠습니다. 그 사람은 아첨이었는데 당신은 '나를 알아주던 고마운 친구'라고 생각하는 일도 없으면 좋겠어요. 미리 알고 대처할 수는 없지만 일이 벌어진 후에도 미련을 두지는 마세요.

교묘하게 나를 도구로 쓰려는 사람도 멀리해야 합니다. '도구'라는 표현에 정말 다양한 의도가 숨어 있어요. 도구는 필요한 일을 더 쉽게 하기 위한 것입니다. 일단 내 손에 맞게 길들여야 하지요. 끊임없이 필요를 증명하지 않으면 버려질 운명이에요. 이런 사람들도 처음에는 아첨꾼처럼 다가옵니다. '당신이 아니면 나는 아무것도 할 수 없으니 당신은 정말 소중한 인재'라는 신호를 지속적으로 보내지요. 중요한 일을 맡기면서 신뢰를 보내는 것처럼 행동합니다. 당신은 아마 최선을 다할 거예요. 순간순간 미심쩍은 생각이 들어도 일단 시작한 일은 깔끔하게 마무리하려고 애를 쓸 겁니다. 그러는 동안 성장하겠지요. 열심히 하는 사람의 시간은 배신하지 않으니까요.

당신의 성장이 그에게 위협이 되는 순간부터 전세가 바뀌기 시작할 겁니다. 내 앞에서 하는 말과 다른 곳에서 하는 말이 달라지고 자꾸만 배제당하는 느낌이 들 수도 있어요. 이제 도구로서의 쓰임은 끝났다는 뜻입니다. 이용할 가치도 사라진 것입니다. 그런 식으로 다시금 길들이는 거지요. 성장세를 꺾음으로써, 다시금 새로운 도구처럼 활용할 수 있도록.

'손절'이라는 표현은 사실 주식 거래에서 쓰는 말입니다. 가치가 너무 떨어진 주식을 손해를 감수하고 정리한다는 뜻이지요. 하지만 사람은 달라요. 관계는 복잡다단합니다. 아첨이 습관인 사람의 말과 행동이 모두 거짓은 아닐 수 있습니다. 누군가를 도구화하는 사람의 태도에도 선의가 아예 없다고 단정할 수는 없을 거예요. 차단하거나 연락처를 지운다 해서, 부서를 옮기거나 퇴사한다고 한번 맺은 인연이 완벽하게 끊기지도 않습니다. 다만 당신을 스스로 보호할 수 있도록 정서적 거리감을 확보하는 방법 정도는 알아두세요. 같은 회사나 부서라서 멀어질 수 없다면 심리적 거리감을 확보하는 게 중요합니다. 말 한마디, 행동 하나에 너무 크게 자극받거나 영향받지 않도록 마음을 다잡을 수 있는 태도를 세우는 겁니다.

아첨꾼은 아첨을 하고, 사람을 도구로 쓰는 사람은 그 공간을 자기 판으로 만들기 위해 정치꾼이 되고자 합니다. 아첨은 달콤하지요. 누군가의 도구로 쓰이는 경험에서는 일종의 자기 효능감을 느낄 겁니다. 다만 그런 감정에 지나치게 휘둘리지 않기를 바랍니다. 휘둘렸다 해도 자책하지 마세요. 아쉬움과 상처는 유용한 데이터로 쌓일 거예요. 멀어져야 하는 사람이 멀어지는 것입니다. 미련이나 괴로움 없이 놓아주는 연습을 하는 겁니다. 지나가는 인연에 집착하지 않는 태도. 이미 충분하고 효율적인 의미의 손절입니다.

살아 있는 한 여행은 끝나지 않고,
우리는 또 누군가를 만나게 될 거예요

어쨌든 사회생활이라는 걸 하다 보면 다양한 사람을 만나게 됩니다. 썩 친해지는 사람도 당연히 생기지요. 그 사람을 둘러싸고 비슷한 성향과 취향을 가진 사람들이 일종의 애착집단을 형성하기도 합니다. 미리 약속하지 않았지만 만날 수 있는 사람들. "지금 어디야?"로 시작하는 질문이 차 한잔, 술 한잔으로 이어지는 사이. 그렇게 만나도 어색하거나 불편하지 않고 오히려 자연스럽고 편한 관계.

이런 관계에 대한 일종의 판타지도 존재합니다. 저도 그랬어요. 언제나, 늘 내 편이 되어주는 친구가 한 명 있으면 좋겠다고 생각했지요. 우울하거나 놀고 싶거나 때때로 아무 이유

없이도 전화 한 통이면 기꺼이 시간을 내주는 친구도 만나게 될 겁니다. 20대 후반, 30대 초중반의 사회생활은 일종의 파티 같거든요. 참 많은 사람이 어느 정도는 열려 있는 마음으로 새로운 사람과의 관계를 탐구합니다. 그로부터 배울 수 있는 것도 참 많으니까요.

하지만 파티는 끝나고 이별도 겪게 됩니다. 내 의지로 끊어내기도 하고 서서히 사라지기도 하지요. 앞에서 말한 '손절'이라는 말로 표현하고 싶지는 않지만 비슷할 수도 있을 거예요. 그때부터는 일종의 회복탄력성이 중요해집니다. 학교에서는 한두 번 싸워도 '친구끼리 그럴 수도 있다'고 생각할 수 있어요. 툭툭 털고 다시 악수하는 거지요. 그를 통해 인간관계의 기본을 배우기도 합니다. '미안해'와 '괜찮아', 사과와 용서를 배우는 시간이지요. 그런데 어른의 관계란 그렇게 간단치 않습니다. 학창시절과 사회생활의 차이가 아니에요. 다툼의 양상이 다른 거지요.

책임질 일이 이미 많아진 단계에 들어선 사회인의 다툼은 그 회복탄력성을 아주 미미한 수준까지 끌어내릴 수 있습니다. 헤어져서 다시는 만날 수 없게 된 연인 사이처럼, 친구 사이에서도 그런 일들이 벌어질 수 있는 거지요. 어른의 관계에는 화해시켜주는 선생님도 화해해야 하는 명분도 없습니다. 알게 모르게 서로가 주고받은 상처가 너무 크고 깊어지면 회복보다 이별이 이로운 선택이 되기도 합니다. 굳이 화해하느니 서로 얼굴을 보지 않는 편이 여러모로 편한 거지요.

편하고 이롭다고 해서 아픔이 없을까요? 모든 만남과 헤어짐은 만만치 않은 감정을 소모하는 일입니다. 마음에 드는 누군가를 만났을 때, 그게 꼭 연인을 향해 가는 길이 아니라도 우리는 스스로의 좋은 점을 새롭게 발견하고 어필하기 위해 노력합니다. 헤어질 때는 훨씬 복잡하지요. 나 때문인지, 내가 뭘 잘못했는지, 그는 나한테 왜 그랬는지 끊임없이 되새김질하면서 원인을 찾기도 합니다. 상황을 이해하고 싶으니까요. 하지만 시간이 지나면 알게 됩니다. 인간관계에 정답은 없어요. 무슨 마법 같았던 만남처럼 헤어짐도 그렇게 옵니다. 마침 《월든》의 작가 헨리 데이비드 소로는 이런 말을 했네요.

멀리 있는 친구만큼 세상을 넓어 보이게 하는 것은 없다. 그들은 위도와 경도가 된다.

누구와 어느 정도의 깊이로 만나든, 사람과 사람이 마주하는 순간부터는 같이 그려나가는 하나의 지도를 나눠 갖는 것 같습니다. 거의 모든 대화, 그 많았던 웃음, 가끔의 섭섭함과 후회까지 지도 위에 각자의 경험대로 그려나가는 거지요. 같은 나라에 있다고 생각했지만 사실은 아니었고, 서로 아주 먼 곳에 있다고 생각했지만 실은 한 도시에 있는 경우도 만나게 될 거예요. 서로를 바라보는 그 순간에는 알 수 없지요. 하지만 시간이 흐른 뒤, 조금 높은 곳에서 조망할 수 있게 되면 깨닫게 될 겁니다. 우리는 모두 각자의 땅에서 당시의 서로에게 최선을 다했다는 사실을. 최선의 결과가 멀어지는 일이라면 받아들여야 한다는 사실도 말이에요.

어쩌면 우리는 모두 각자의 지도를 들고 미지의 땅을 헤매는 여행자 같아요. 누구와 만나고 헤어지든 서로에게 위도와 경도가 된다는 사실이 여행자에게는 얼마나 큰 배움인가요. 좋았던 곳은 언제든 다시 갈 수 있을 겁니다. 피하고 싶은 곳을 다시 찾는 일은 없을 거예요. 그렇게 크고 작은 경험들을 나만의 지도 위에 새겨둡니다. 사람이 곧 여행이라고 생각하면 회복할 수 없을 것 같던 크고 작은 상처도 조금씩 아물게 되거든요. 우리가 들고 있는 지도의 크기를 지금은 가늠할 수 없을 테니까. 살아 있는 한 여행은 끝나지 않고, 내일도 우리는 새로운 누군가와 만나게 될 테니까요.

때때로 피할 수 없는 악인을 만나기도 하지만

사회에는 악인이 존재합니다. 그 해악은 생각보다 훨씬 위중하고, 어떤 사람은 조직을 송두리째 망가뜨리기도 해요. 종국에는 나 자신까지 망치려 들지요. 그런 사람은 열정과 성공, 안정을 위해 서로 배려하며 전력질주하는 조직원들 사이에서 기꺼이 정치꾼 역할을 자처합니다. 어떻게 하면 다른 사람을 통제하거나 조종할 수 있을지, 그 방법을 찾기 위해 골몰하는 거예요. 이런 사람이 리더인 집단에서는 구성원의 마음이 절대 하나로 모이지 않습니다. 리더 한 명이 조직원 여럿을 개인으로 통제하기 때문이에요. 개인과 개인이 힘을 합치는 것은 막고 그들 모두를 개인으로 고립시키면서 자신의 지배력을 강화합니다.

소시오패스, 나르시시스트, 심하면 사이코패스의 성향을 띤 사람일 수도 있습니다. 이 중 하나의 성격에 가까울 수도, 이 모두의 성격을 조금씩 고루 갖고 있는 누군가일 수도 있겠지요.. 제가 경험한 경우는 나르시시스트와 소시오패스 어딘가에 있는 것 같았습니다. 심한 케이스는 아니지만 그것만으로도 아주 많은 사람을 괴롭게 했지요.

"사이코패시(소시오패시)는 마치 예술과 같다. 정의할 수는 없지만 보면 안다는 뜻이다."

뇌신경 과학자 제임스 팰런은 이렇게 말했습니다. 실제로 그 둘을 정확하게 가려내는 방법은 없다고 알려져 있습니다. 뇌과학적으로 어떤 차이를 보이기는 하지만 그것만으로 모든 사람이 반사회적 인격 장애를 갖는 것은 아니라는 뜻이지요. 게다가 어떤 성향이 있다고 해서 그 사람을 소시오패스 혹은 사이코패스로 정의할 수도 없다고 해요. 그 경계 어딘가에서 그런 성향을 갖고 있을 뿐인 거지요. 《나, 소시오패스》의 저자 M. E. 토머스는 스스로를 소시오패스라고 고백하면서 자신의 이야기를 그야말로 가감 없이, 풍성하게 들려줍니다. 그는 소시오패스에 대해 이런 생각을 갖고 있어요.

마약 딜러들 틈에서 불우하게 자란 소시오패스는 소시오패스적인 마약 딜러가 되기 십상이고, 중산층이나 유복한 가정에서 자란 소시오패스는 소시오패스적인 의사나 기업 간부가 될 공산이 크다.

오만함, 냉정함, 교활함, 지나친 합리성이나 매력을 소시오패스의 특징이라고 할 수 있다면, 그 자체로 성공한 사업가에게서 찾을 수 있는 기질들과 무척 닮았다는 사실도 이어 씁니다. 사실상 어디에나 있는 종류의 기질이고, 어쩌면 누구에게나 조금씩은 있는 성격일 수도 있어요.

이런 이유로 스스로를 의심했던 시기도 꽤 길었습니다. 누군가 나를, 혹은 내가 속한 조직을 엉망으로 만들 수 있다면 같은 이유로 나 또한 그럴 수 있는 가능성이 없지 않기 때문이에요. 그래서 스스로를 돌아보기도, 여러 사람에게 물어보기도 했습니다. 그 과정에서 다양한 사람과 꽤 깊은 대화를 나눌 수 있었어요. 다양한 케이스를 근거로 제 잘못이 아니었다는 위로와 확신을 얻기도 했지요. 그런 기질이 누구에게나 있을 수 있다고 해서 모든 사람이 타인을 정치의 도구로 삼지는 않습니다. 무엇보다 그런 사람들은 스스로를 의심하거나 사과하지 않아요. 애초에 '잘못'이라는 개념이 없는 경우가 더 많습니다.

그들에게는 합당한 목적이 있었고, 그 목적을 이루기 위해서는 그들이 취한 방법이 옳았으며, 그 과정에서 발생한 부작용들은 개인의 무능함 때문이라고 강변하지요. 일견 합당해 보이는 언변으로 이성과 감성을 넘나들며 화려하게 스스로를 방어할 거예요.

그들은 언제나 스스로를 객관적인 수준 이상으로 과대평가합니다. 지나치게 자신감이 넘치지요. 허황된 목표를 자주 제시하지만 구체적인 목적지는 제안하지 않습니다. 대신 추상적인 언어로 일관해요. 그 과정에서 "너는 할 수 있다"거나 "내가 뒤에서 다 도와줄 테니 한번 해보라"는 식으로 부추기기도 합니다. 하지만 애초에 목적지가 모호한데 일이 제대로 진행될 리 없겠지요. 바로 그때 빈틈이 생깁니다. 성공하기 어려운 미션을 주고, 죽도록 노력하게 하지만 일은 되지 않을 때, 번아웃 일보 직전인 상태에서 어쩌면 이런 말을 할지도 모릅니다.

"지금 네가 잘되길 바라는 사람은 나밖에 없어. 이렇게 열심히 해도 안 되니까 다른 사람들은 다 네가 무능하다고 생각해. 너한테 계속 기회를 주는 나도 입지가 곤란한 상황이 생길지도 몰라. 일단 내가 다 막고 있으니까 끝까지 한번 해봐."

통제하고 싶은 거지요. 화려하지만 모호하게 부추긴 후, 예견된 좌절을 경험할 때, 네 곁에는 나밖에 없고 이 회사의 모든 사람이 너를 의심한다는 식으로 고립시키는 겁니다. 이런 상황은 일반적인 가스라이팅 단계와 매우 유사합니다. 인지심리학자 김경일 교수는 가스라이팅의 단계를 이렇게 설명합니다.

1. 관계 형성

2. 기억 왜곡

3. 심리적 고립

4. 무시

"나 아니면 너를 챙겨줄 사람 없다"는 말로 고립시킨 뒤 자신이 생각하는 '수준'에 오지 않으면 무시 단계에 돌입하지요. 그때부터는 인간적으로 모멸감을 준다고 해요. 물건 취급하는 거지요. 완벽하게 수단으로 전락하는 단계입니다. 무섭지요. 냇물처럼 조용히 젖어들 수도, 급류처럼 빠르게 흐를 수도 있을 거예요. 알아챌 수만 있다면 2단계에서 적당히 거리를 두거나 3단계에서 돌아서는 게 좋습니다.

저도 어찌어찌 3단계까지는 경험한 것 같네요. 들으면서도 이상하다고 생각했고, 속으로 '그럴 리 없다'고 생각했습니다.

그래서 두루두루 직접 확인하기도 했어요. 당연히 사실이 아니었습니다. 저는 잘하고 있었지요. 신뢰를 쌓고 있었고, 심지어 사랑받고 있었지요. 그제야 1단계, 관계 형성 단계에서부터 배신감이 파도처럼 밀고 들어왔습니다. 떠나야 하는 시점이었던 거지요.

예로 든 멘트들은 널리 알려진 예시이기도 하고 실제로 들은 목소리이기도 합니다. 회사가 아니라 어떤 인간 관계에서나 경험할 수 있을 거예요. 그렇다고 미리 겁을 먹고 움츠러들지는 마세요. 이런 사람이 있다는 걸 인지하는 정도로 충분합니다. 세상에는 위험한 사람이 존재하고, 보이는 것이 전부가 아니며, 가끔은 위험한 사람을 만날 수 있다는 사실을 아는 것과 모르는 것의 차이는 절대 작지 않으니까요. 알아야 거리를 둘 수 있습니다. 한 발이라도 멀어져야 혼자 설 수 있겠지요. 그렇게 조금씩 힘을 기르는 겁니다.

관계에 너무 큰 기대를 걸면 생기는 일

매우 무기력한 상태, 심한 우울감에 휩싸여 주체하지 못하던 시기가 있었습니다. 가벼운 우울증 상태였는지도 몰라요. 전문가에게 상담받아야 하는 정도는 아니지만 일상이 삐걱이는 소리를 스스로 들을 수 있는 정도로 위태로웠습니다. 사람 때문에 벌어진 일이었어요. 관계의 실패가 일과 일상에도 영향을 미친 경우였습니다.

가장 믿었던 사람 중 한 명이 지속적으로 나를 배신해왔다는 사실을 다른 경로로 알게 됐어요. 믿고 따르던 누군가가 사실은 나를 용의주도하게 이용해왔다는 사실을 갑자기 깨닫게 된 경우도 있었지요. 덕분에 알게 됐습니다. 내 입장에서는 전부를 걸고 신뢰하던 상대가 나를 유능한 도구 정도로 생각할 수도 있어요. 한 사람의 입장에서는 애정과 신뢰가 가득한 관계였지만 다른 사람의 입장에서는 질투와 시기로 점철된 사이였는지도 몰라요. 안타깝지만 사실입니다. 관계는 평등하지 않고 서로에게 솔직해지는 건 결코 쉬운 일이 아니니까요.

"내 맘 같지 않지. 언제나 내 맘 같지 않아."

저와 오랜 시간을 같이 일한 상사는 입버릇처럼 이런 말을 했습니다. 사람은 통제할 수 없고 애정과 신뢰의 정도는 같을 수 없다는 걸 오랜 시간이 흐른 뒤 깨달은 어른의 귀여운 푸념이었지요. 숱한 신뢰와 배신과 이별을 겪으며 어느 정도는 스스로의 자리를 지켜온 사람의 주문이기도 했습니다. 약간의 체념을 통해 마음의 균형을 유지하는 비결이기도 했을 거예요.

좀 후회스럽기도 합니다. 그렇게까지 휘청일 일이었을까 싶기도 해요. 그때의 저는 연인과 이별한 후의 상태와 비슷했습니다. 그보다 더 힘들었는지도 몰라요. 몇 년의 시간, 그동안의 농담과 웃음, 그 사이를 가득 채운 우정까지 한꺼번에 사라진 것 같았거든요. 그때의 감정이 썩 과장되었다는 것을 지금은 압니다. 하지만 그 순간만큼은 인생의 한 챕터가 통째로

부정당한 듯한 마음이었어요. 돌이킬 수 없고 회복할 수도 없이 벌어진 상처를 갖고 평생을 살아가야 할 것 같은 두려움도 컸지요.

그래서 가까운 관계일수록 어렵습니다. 위험하기도 하지요. 상상할 수도 없는 깊은 상처를 남기기 때문이에요. 연인과의 이별이나 가까운 친구와의 절교가 어려운 이유이기도 합니다. 그 정도로 가까운 관계에는 보통 자아가 깊이 개입하고 있어요. 적지 않은 일상, 그만큼의 시간을 나눴을 겁니다. 서로 의탁하며 나도 모르게 의지하고 있었을 거예요. 그런 상대를 도려낼 땐 나의 일부도 같이 잘려 나갑니다. 누군가를 멀리할 수밖에 없는 상태가 되었는데 미처 상상도 하지 못한 슬픔, 상실감, 아픔이 느껴졌다면 분명히 그런 이유일 거예요. 나의 일부가 함께 잘려 나갔기 때문입니다.

그런 관계가 건강했는가, 누군가 묻는다면 지금의 저는 곧바로 대답할 수 없을 겁니다. '건강한 관계'란 무엇인가 묻는다면 책 한 권 분량의 연구를 해야겠지요. 다만 한 가지는 확실해졌어요. 나 자신을 잃을 만큼 몰입하는 관계는 건강하지 않아요. 나와 관계 사이에 어떤 감정이 자리 잡고 있어도 마찬가지입니다. 사랑, 애정, 질투, 시기, 즐거움, 슬픔, 의존…. 사람과 사람 사이에서 발생할 수 있는 거의 모든 감정이 그 관계를 끈끈히 정의한다 해도, 나 자신을 지나치게 투영하거나 희생하는 정도라면 위험할 수 있습니다.

가볍게 풀어 설명해볼게요. 그 어떤 관계에서도 중요한 건 상대가 아니라는 뜻입니다. 당신 자신이에요. 관계가 망가지는 순간에도 마찬가지입니다. 지켜야 하는 건 당신 자신이에요. 관계가 사라져도 자신만은 남기 때문입니다. 내 일부가 사라진 듯한 기분이 들겠지만 그건 기분일 뿐이에요. 온전히 당신이 주인임을 아는 마음은 생각보다 강인합니다. 슬픔, 배신감, 상처가 쓸고 지나간 후의 마음도 다시 자유로워질 수 있어요. 고대 철학자 에픽테토스는 《대화록》에서 이렇게 말했습니다.

자기 자신의 주인이 되지 않고서는 누구도 자유인이 될 수 없다.

누군가에게서 오랫동안 배신당해왔다는 사실을 뒤늦게 알았을 때의 기분이나 감정은 정말 비참했습니다. 누군가에게 도구로 이용당해왔다는 사실을 깨달았을 때의 무력감도 무시무시했지요. 이후의 우울감은 그 기분이 저를 집어삼킨 결과였습니다. 하지만 그 안에서 허우적거리다 문득 고개를 들어

보니 저 자신은 그저 살아 있었어요. 씁쓸한 기분과 상실감을 제외하면 어떤 피해도 입지 않은 채 똘망똘망하게, 전과 다름없는 기세로 살아 있었습니다.

어쩌면 마음이란 그릇 같았습니다. 온갖 부정적인 기분들이 담길 수 있지만 그릇 자체는 멀쩡한 거예요. 마음은 내 것이니까, 그릇에 담긴 것들도 의도대로 비워낼 수 있었습니다. 쉽지는 않았습니다. 방법을 배우는 과정도 필요했어요. 하지만 할 수 있는 일이었습니다. 그 과정에서 더 많은 것을 알게 됐어요.

나는 사랑이었지만 상대는 아닐 수도 있었습니다. 상대는 사랑이었지만 나는 아니었을지도 모르지요. 나는 신뢰였지만 상대는 질투였을 겁니다. 나는 질투였지만 상대는 신뢰였던 관계도 있었을 거예요. 중요한 건 상대가 아니었습니다. 관계도 아니었어요. 오로지 나 자신이었습니다.

나는 사랑이었지만 관계가 끝났다면 거기가 마침표라는 사실을 받아들여야 했습니다. 나의 신뢰, 나의 질투도 마찬가지였지요. 마침표를 찍는 사람도, 받아들이는 사람도 나 자신이어야 했습니다. 내가 시작한 감정은 내가 끝내야 합니다. 어떤 관계도 영원하지 않아요. 내 마음은 나와 함께 영원할 겁니다.

관계가 내 맘 같지 않은 이유입니다. 상대는 내 것일 수 없습니다. 내 마음만이 내 것일 수 있었던 거예요.

이쯤 되면 진짜 소중한 게 뭔지 알게 됩니다. 통제할 수 있는 것과 없는 것을 구분할 수 있게 돼요. 타인과 관계는 통제할 수 없습니다. 나 자신, 내 마음은 (가까스로) 통제할 수 있지요. 통제할 수 없는 것에 마음을 기울이는 것은 100퍼센트 소모적입니다. 기운을 차렸다면 통제할 수 있는 영역을 더 효율적으로 다스리는 방법을 찾는 편이 지혜롭습니다. 저도 그런 과정을 거쳐 일어설 수 있었습니다. 마침 랠프 월도 에머슨의 책 《자기 신뢰》에는 이런 문장이 있네요.

당신에게 평화를 안겨줄 수 있는 사람은 당신뿐이다.

누구에게나 친구가 인생의 전부 같은 시기가 있을 겁니다. 연인과의 관계가 내 전부 같은 마음에도 아름다움은 있어요. 하지만 관계 자체에 대한 기대가 지나치면 어느 순간 자신을 잃게 됩니다. 자신을 잃으면 자유로울 수 없어요. 나에게 평화를 가져다줄 수 있는 유일한 사람, 나 자신의 일부를 상실하게 됩니다. 그러니 기억하세요. 넝마 같은 관계 때문에 괴로울 때조차 방향타는 당신이 쥐고 있다는 사실을 잊으면 안 돼요. 완벽하게 편안하고 발전적인 관계일 때조차 가장 중요한 건 당신 자신입니다.

인간관계에도 가지치기가 필요합니다

인간관계가 한꺼번에 정리되는 듯한 느낌이 들 때가 있습니다. 낙엽 떨어지듯 우수수 멀어지는 사람들이 생겨요. 아무리 가까운 사이라도, 연인이나 친구 사이에도 끝이 있기 때문입니다. 한 사람이 지워지면 연결돼 있던 다른 관계도 한꺼번에 사라지곤 합니다. 관계는 중력 같아서 한번 방향이 정해지면 좀처럼 바뀌지 않습니다. 사랑이나 우정도 한때라는 걸 그제야 알게 돼요. 누가 좋은 인연이었는지, 내가 지키고 싶은 게 사람이었는지 관계 자체였는지, 혹은 해 질 녘 만나 어울리던 술자리에 불과했는지 역시 나중에 알게 됩니다. 김영하 작가는 《다다다》에 이렇게 썼습니다.

마흔이 넘어서 알게 된 사실 하나는 친구가 별로 중요하지 않다는 거예요. 잘못 생각했던 거지요. 친구를 덜 만났으면 내 인생이 더 풍요로웠을 것 같아요. 쓸데없는 술자리에 시간을 너무 많이 낭비했어요. (중략) 차라리 그 시간에 책이나 읽을걸. 잠을 자거나 음악이나 들을걸. 그냥 거리를 걷던가.

우리는 어쩐지 우정이나 관계라는 단어 자체에 판타지를 갖고 있는 것 같습니다. '영원한 우정', '진정한 사랑' 같은 단어에 쉽게 마음을 빼앗기지요. 그래서 관계에 적지 않은 시간을 투자하며 그게 인생의 전부인 것처럼 행동하기도 합니다. 물론 아름답지요. 우정과 사랑은 인간이 인간일 수 있는 마지막 조건일 거예요. 하지만 그 앞에 형용사가 붙으면 오히려 힘을 잃습니다. 영원하고 진정한 관계는 유니콘이나 산타클로스 같아요. 믿고 싶은 거지요. 거의 존재하지 않기 때문에.

우정이나 사랑이 영원하려면 엄청난 노력이 필요합니다. 친구는 서로가 서로에게 누가 되지 않기 위해 정말이지 열심히 살아야 해요. 어른의 관계는 판타지가 아닙니다. 낭만적이지도 않아요. 감정은 현실의 노예입니다. 나보다 빨리 성공한 친구를 시기하거나 질투하는 마음을 지혜롭게 다스릴 줄 알아야 하는 때도 있고, 사랑하는 사람과 신의를 지키기 위해서는 정말 많은 것을 희생해야 해요. 가까운 사이일수록 예의가 중요해집니다. 적당한 거리감을 유지하면서 서로의 인생을 배려하는 방법을 배워야 해요. 쇼펜하우어는 《소품과 단편집》에서 인간관계의 이런 면을 고슴도치의 딜레마를 통해 은유합니다.

어느 추운 겨울날, 고슴도치들이 서로의 체온으로 추위를 견뎌내기 위해 모여들지만 서로의 가시에 찔려 자꾸만 상처를 입습니다. 아파서 떨어졌다가 추워서 가까워지지요. 다시 상처를 입고 멀어집니다. 이런 상황을 계속 반복하다가, 서로의 체온은 느낄 수 있지만 가시에는 찔리지 않는 적당한 거리감을 찾아간다는 이야기예요. 친해지고 싶지만 너무 가까워지면 상처를 입습니다. 너무 멀어지면 또 외로워져서 다시 누군가를 찾게 되는 관계의 딜레마를 상징하는 우화예요.

어떤 관계나 외줄타기 같은 면이 있습니다. 한쪽으로 치우치면 얼른 다른 쪽으로 무게추를 옮겨야 하는 거지요. 균형, 밸런스라는 말을 현실에서 구현하기란 그렇게 어렵습니다. 끊임없이 온 신경을 기울여야 이쪽 끝에서 저쪽 끝까지 건너갈 수 있어요. 떨어지면 끝입니다. 돌이킬 수 없지요. 어찌어찌 기워내는 데 성공한다고 상처가 사라지지는 않습니다. 그러니 제대로 지켜내려면 전력을 다해야 해요. 원래 그렇게 힘든 거예요. 좋은 관계를 유지한다는 건.

본질이 이렇게 무거운데 언어는 이상하게 가벼운 시대지요. 우리는 이미 너무 많은 친구와 함께 살아가고 있으니까요. 인친, 페친, 트친을 합치면 수백 명을 손쉽게 넘깁니다. 연락처 목록에 저장은 되어 있지만 이제는 기억나지 않는 사람의 번호가 수두룩하고, 가장 가까운 사람의 전화번호조차 외우지 못하지요. 20년이 넘은 우정이지만 소셜미디어에서 이어져 있지 않으면 너무 멀어진 것 같고, 친구도 아닌데 거기서 일상을 공유하면 진짜 친구 못지않게 친밀합니다.

'친구'라는 단어의 외연이 이렇게까지 확장하니 혼란도 적지 않습니다. 여기저기 찍혀 있는 숫자에 비해 진짜 서로 의지하며 친교를 나눌 수 있는 사람의 숫자가 턱없이 적은 거예요. 그래서 헷갈리기도 했습니다. 진짜 친구한테는 어쩐지 소홀해지고, 새롭고 흥미롭고 자극적인 인맥에 시간을 투자하기도 해요. 폭발하는 친구의 숫자만큼 외로움과 피로감도 폭발하곤 했습니다. 우리는 폭발하는 세계에서 영문도 모른 채 외로워하는 중이에요.

이런 상황을 간파한 사람들은 인맥 다이어트, 인맥 가지치기 같은 트렌드를 형성했습니다. 각종 모임이나 소셜미디어 계정이 성장하면서 스스로 증폭시킨 인맥의 허와 실을 들여다 보기 시작했어요. 불필요한 인간관계에 짓눌린 일상, 그렇게 시작하고 한순간에 끝나는 인간관계에 회의를 호소하는 방식이었지요. 군중 속의 고독과 피로보다 혼자 있을 때의 여유와 성장으로 눈길을 돌리고 싶어졌습니다.

1933년 영국 옥스퍼드 대학교 문화인류학자 로빈 던바 교수는 사람이 친하게 관리할 수 인맥의 최대수가 150명이라는 연구결과를 발표했습니다. 원숭이와 유인원 등 영장류의 신피질 크기를 토대로 추려낸 숫자였어요. 곧이어 친밀도 층위에 따라 '가장 믿고 의지하는 절친'은 5명, 친한 친구 15명, 좋은 친구 50명, 그냥 친구 150명, 지인 500명 순으로 점점 많아진다고 했습니다. 그냥 이름이나 얼굴을 아는 정도의 사람은 1,500명에 이른다고 해요. 사교의 60퍼센트 이상은 절친 5명을 위한 것이라고도 덧붙였습니다. 이 숫자들은 10대 후반~20대 초반에 정점을 찍은 뒤 30대에 150명으로 수렴한다고 합니다. 60대 후반~70대 초반에 감소하고요.

지금 당신의 인맥은 어떤가요? 던바 교수의 연구결과와 얼마나 일치하거나 거리감이 느껴지나요? 가장 친한 친구들을 손으로 꼽아보면서 조금은 안도했나요? 내 인간관계에 문제가 있는 건 아닐까 문득 불안해졌나요? 그런데 그게 그렇게 중요할까요?

우리는 어쩌면 한 그루의 나무가 아닐까 종종 생각합니다. 관계가 가지라면 각자가 뿌리예요. 철마다 가지치기를 해줘야 나무가 건강해진다는 상식을 관계에도 적용할 수 있을 겁니다. 쓸데없이 굵어진 가지, 이미 병든 가지, 주변을 병들게 하다 결국 나무를 죽일 것 같은 가지, 제멋대로 자란 가지들을 주기적으로 솎아주는 거지요. 그래야 좋은 열매를 맺을 수 있습니다. 수명도 길어지고요.

친구는 소중합니다. 사랑하는 사람과의 관계를 지켜내는 힘도 길러야지요. 그건 삶이 이어지는 동안 쉼 없이 길러야 하는 힘일 겁니다. 하지만 헤어질 줄도 알아야 해요. 거리감도 배워야 합니다. 가장 소중했던 관계도 각자의 연이 다하고 나면 멀어지고 망가집니다. 절친이었지만 지인 카테고리로 넘어가기도 하고 친한 친구였지만 절친이 되기도 하지요.

내가 변하는 만큼 상대도 변합니다. 애초에 마음대로 되는 일이 아니니 때가 되면 집착하지 말고 솎아내고 놓아줘야 한다는 사실을 적어도 머리로는 알고 있어야 해요. 나무가 할 수 있는 건 뿌리를 단단히 내리는 일뿐입니다. 김영하 작가는 책을 읽거나 음악을 듣거나 산책을 하면서 뿌리를 단단히 했다면 더 좋았을 거라고 생각한 듯합니다. 혼자서도 온전할 수 있는 힘으로, 누군가와 함께일 수 있는 내 곁의 너비 또한 천천히 넓혀가는 거예요.

어른의 사과는
제대로 해야 합니다

누구나 실수를 합니다. 가볍지 않은 잘못들을 수시로 저지르면서 살아가지요. 알면서도 실수하고, 나도 모르는 사이에 한 말이나 행동이 누군가에게 상처가 되기도 합니다. 애초에 그런 일이 벌어지지 않으면 좋겠지요. 하지만 그런 인간은 없습니다. 신이라도 실수는 하게 마련이니까요.

하지만 시간은 잘못한 순간 멈추지 않고 관계는 계속되니, 잘못을 저질렀을 땐 '여전히 만회할 기회가 있다' 혹은 '어떻게든 책임져야 한다'는 태도를 갖는 게 좋습니다. 당연한 얘기지요. 아이였을 땐 그렇게 쉬웠던 일입니다.

하지만 가볍고 귀여웠던 실수와 회복의 시기는 생각보다 오래 지속되지 않습니다. 어른의 실수는 가볍지 않아요. 어른의 상처는 귀엽지 않습니다. 어른이 되면 어른을 둘러싼 거의 모든 것이 몸처럼 무거워집니다. 어쩌면 점점 약해지는 것 같아요. 깊은 상처를 너무 쉽게 받아서, 그런 상처는 '미안하다'는 말로도 회복되지 않거든요.

그렇다고 가만히 있을 수는 없습니다. 사과해야지요. 적절한 타이밍에 진심으로 사과할 줄 알아야 합니다. 마음이 곪기 전에 사과하면 파국은 막을 수 있을 거예요. 저도 비슷한 경험이 있습니다. 제때 사과해서 다행스러웠던 관계보다는 타이밍을 놓쳐서 머쓱했던 상황이 더 많이 떠오르기는 하지만요.

그날은 무슨 생각이었을까요. 갑자기 미뤄둔 미안함들이 하나둘 올라오기 시작했습니다. 오랫동안 마음속에 담아뒀지만 표현하지 못한 미안함들이 존재감을 드러내기 시작한 거예요. 그래서 두 사람에게 전화를 걸었습니다. 솔직히 말했어요.

"그때 그런 일이 있었을 때, 나는 사실 다르게 행동했어야 하는데 그러지 못해서 미안해. 진작 말했어야 하는데 늦었어. 너무 늦은 것도 미안해."

그날의 상대는 다행히 고맙다고 해줬습니다. 지난 일을 다시 꺼내와서 미안하다는 말을 하는 게 절대 쉽지 않았을 텐데, 지금이라도 그렇게 말해줘서 마음이 조금 더 풀렸다고. 그 말을 듣고 전화를 끊는 제 마음도 전보다는 가벼웠습니다. 작은 매듭을 하나 풀어낸 것 같기도 했어요. 어쩌면 그날 사과의 진짜 수혜자는 저 자신인지도 모르겠습니다.

제대로 사과하기는 쉽지 않습니다. 너무너무 어려운 일이라서 언제 어떻게 사과해야 하는지 연구한 자료가 무수히 많아요. 그중 심리학자 스티븐 셰어와 존 달리 교수가 1997년 《언어심리학 연구 저널》에 발표한 〈사과 표명 시 사람들이 하는 말은 얼마나 효과적인가? 사과 언어 수행의 실현 효과들〉이라는 논문은 일종의 클래식으로 꼽힙니다. 이 논문에서는 사과의 4단계 구조를 제시했어요. 간단하게 정리하면 이렇습니다.

1. 일단 사과로 시작한다.
2. 잘못과 책임을 인정한다.
3. 구체적인 보상 혹은 복구 의지와 방법을 표현한다.
4. 재발 방지를 약속한다.

"정말 미안해. 누가 나한테 그런 말을 했다면 나도 정말 화가 많이 났을 거야. 내가 큰 실수를 했어. 지금 이 상황, 네 기분을 바로잡을

방법이 있다면 무슨 일이든 하고 싶어. 다시는 그런 일 없을 거야. 사과한다고 바로 용서받을 수는 없겠지만, 네 마음이 풀려서 용서받을 때까지 용서를 구할게. 다시 한 번 사과할게. 미안해."

구체적인 사례가 없어서 좀 엉성하긴 하지만, 대략 이런 느낌의 흐름이라면 어떨까요? 먼저 잘못에 대한 후회와 자책을 진실하게 표현해야 합니다. 사과하는 대상에 대한 공감도 놓치지 말아야겠지요. 어떤 잘못을 했는지 최대한 구체적으로 얘기해야 합니다. 그래야 "미안해"에서 "뭐가 미안한데?"로 이어지는, 흔하고 속 터지는 대화를 미연에 방지할 수 있겠지요. 보상과 복구는 최대한 구체적인 편이 좋습니다. 사과하는 주체가 기업, 정부, 공인이라면 더욱 그렇겠지요. 개인과 개인 사이라면 여기서부터, 마침내 길고 진실한 대화를 나눌 수 있을 거예요. 아이스크림 하나로 풀릴 수 있는 기분도 있고, 평생 행동으로 증명해야 가까스로 유지할 수 있는 관계도 있겠지요.

이때 가정을 두어선 안 됩니다. "상처받았다면 미안해" 같은 말은 그야말로 최악이지요. 너무 빠르거나 너무 늦은 사과도 역효과를 낼 뿐이라고 전문가들은 말합니다. 전자는 성의가 없어 보이지요. 면피하기 위한 사과처럼 보일 뿐입니다. 너무 늦은 사과는… 그저 너무 늦었을 뿐이에요.

물론 사과하는 사람 입장에서도 억울함이 있을 겁니다. 세상에 100퍼센트 잘못한 일이라는 건 흔치 않으니까요. 그 사람에게도 그 사람의 상황이 있었을 거예요. 하지만 사과는 상처받은 사람과의 어긋난 관계를 다시 회복하기 위한 첫 단추입니다. 제대로 사과할 줄 알아야 천천히 대화를 시작할 수 있겠지요. 진짜 회복은 언제 어떤 식으로 흐르다 마무리될 줄 모르는 그 대화의 과정 어딘가에 있을 거예요. 1984년 노벨 평화상 수상자 데즈먼드 투투 대주교는 '타이밍의 중요성'에 대해 이런 말을 했습니다.

"진정한 리더는 양보해야 할 때, 타협해야 할 때, 전쟁을 승리로 이끌기 위해 패배 전술을 써야 할 때가 언제인지 알고 있다."

데즈먼드 투투 대주교는 남아프리카공화국의 아파르트헤이트 정책 철폐에 결정적으로 기여한 인물입니다. 아파르트헤이트 정책은 남아프리카공화국의 악명 높은 인종 분리 정책이지요. 당시 극우 정당인 국민당이 1948년에 법률로 공식화했는데, 1994년 4월 27일에 완전히 철폐되었습니다. 당시 선거로 선출된 넬슨 만델라 대통령의 선언으로 공식 폐지됐어요.

데즈먼드 투투 대주교가 말하는 양보, 타협, 패배는 인류 역사에 공헌한 정도의 스케일인 셈이지요. 사과와 대화의 공식도 개인 간의 관계와 국가 정책, 유명인과 회사들의 실수 사이를 넘나들며 다양하게 적용될 수 있을 겁니다. 큰 틀은 비슷한 것 같아요. 사과하고, 공감하며, 책임을 통감하고, 복구와 회복 의지를 전하고 나서 재발 방지를 약속하는 겁니다. 내 삶의 진정한 주인이 나 자신이라면, 데즈먼드 투투 대주교가 말한 '패배 전술의 타이밍'을 생각하는 자세 또한 가다듬을 수 있을 겁니다. 진짜 리더는 솔직하게, 진심으로, 완전히 내려놓은 채 사과할 줄 알아야 하니까요.

사과는 쉽지 않습니다. 자존심은 알량하지만 강력하고 대화의 물꼬를 트기는 너무 어렵지요. 그날 제가 한 사과도 너무 늦은 것이었습니다. 하지만 그날 사과하지 않았다면 그게 잘못된 사과라는 사실조차 반성하지 못했을 거예요. 인간은 거듭 실수하고 다시금 잘못을 저지릅니다. 다만 행동으로부터 새로 배워나갈 수 있다는 사실만이 희망이 될까요. 다음엔 제대로 사과하고 싶습니다. 그보다 먼저, 실수를 조금은 덜 하는 사람이 될 수 있다면 정말 좋겠지만요.

무례한 타인에게
전처럼 휘둘리지 않도록

부정적인 마음은 짐승 같습니다. 길들여지지 않은 맹수에 가깝지요. 한번 사냥감을 발견하면 주저 없이 달려 나갑니다. 잡을 때까지 멈추지 않아요. 게다가 마음이 쫓는 사냥감에는 실체가 없습니다. 죽도록 뛰어도 잡히지 않지요. 실체가 없어서 잡을 수 없는 어떤 것을 맹렬히 쫓는 상태. 저는 언젠가부터 이 상태를 마음의 지옥이라고 부릅니다. 한마디로 설명하기는 어려워요. 감정의 실체를 세세하게 쓰는 것도 쉬운 작업은 아니지요. 하지만 누구에게나 이런 경험은 있을 거예요.

바로 어제, 어떤 사람 때문에 나는 기분이 심하게 상했습니다. 딱 한 마디였어요. 그 한 마디가 마음에 못처럼 박혔습니다.

나는 반박하지 못했지요. '하하하' 웃기만 했습니다. 그 장면이 누가 찍어준 사진처럼 마음에 남았어요. 지금 생각해도 후회가 됩니다. 바보 같았어요. 그 상황에서 할 수 있는 온갖 반응과 반격을 몇 날 며칠이고 생각합니다. 같은 실수를 반복하지 않으려고요. 상처 따위 받지 않는, 더 강한 사람이 되고 싶어서.

어떤 재치 있는 말을 했다면 순간의 수치심을 그대로 돌려줄 수 있었을까요? 시원하게 뺨을 한 대 올려 치는 편이 나았을까요? 고래고래 소리를 지르면서 "어떻게 그런 말을 할 수 있느냐"며 싸움을 했어야 할까요? 여기서 끝나지 않아요. 언젠가 본 영화 장면들을 마음속에서 재생하기 시작합니다. 주인공은 나 자신, 상대는 악인이에요. 내 손에는 단검이 들려 있습니다. 장검일 수도, 도끼일 수도 있어요. 피와 살이 난무하는 장면에서 두 사람이 뒤엉켜 싸웁니다.

상황도 상대도 다양할 수 있어요. 지옥의 풍경은 상상력에 달려 있습니다. 너무 큰 상처를 준 사람, 두고두고 곱씹을 만큼 억울했던 이슈, 증오와 원망과 분노 같은 감정들이 무섭게 치고 올라오는 경우도 있어요. 어제 있었던 일부터 아주 오래된 상처까지. 부정적인 마음은 더 큰 부정을 몰고 옵니다. 이 맹수는 집단생활을 하거든요.

아마 영원히 이어질 겁니다. 어차피 내 마음대로 건축한 지옥이니까 무한히 확장할 수도 있어요. 그쯤 되면 실제로 벌어진 일보다 마음속에서 벌어지는 장면이 엉망진창인 경우가 더 많을 겁니다. 나만의 오해로 시작한 일이 철천지원수를 향한 복수로 이어지기도 해요. 헷갈리기 시작합니다. 진짜 지옥은 어디에 있을까요? 어제의 사건일까요? 작년에 무례를 범한 그 사람일까요? 풀어놓은 맹수를 길들이지 못한 채 과거에 집착하는 내 마음일까요?

저도 지옥이 몇 개 있습니다. 충분히 괴로워했고, 요즘도 가끔 헤매는 지옥이에요. 하지만 전처럼 호락호락하게 휘둘리지는 않습니다. 만만치 않은 사람이 됐어요. 아주 개인적인 해결책을 몇 가지 갖고 있거든요. 할 때마다 효과가 있고, 이런 해결책이라면 다 내려놓고 의지해도 좋을 만큼 건강한 방법이에요.

첫 번째는 요가 수련이고 두 번째는 산책입니다. 좀 싱겁지요? 하지만 빠르고 분명한 방법이에요. 거의 완벽에 가깝게 회복되기도 합니다. 요가 수련은 약 8년째 계속하고 있습니다. 지도자 과정을 수료하기도 해서, 마음만 먹으면 누군가를 가르칠 수도 있어요. 다만 시간이 좀 필요할지도 모르겠습니다.

제가 수련하던 요가원이 안식년에 들어가는 바람에 제 수련까지 좀 게을러졌거든요. 누군가를 가르치려면 다시 몸을 좀 만들어야 해요.

그 좋은 요가 수련도 하기 싫은 날이 있습니다. 그럴 땐 산책도 언제나 효과가 있어요. 내가 건축한 지옥 속에서 괴로울 때나 집중력이 흩어졌을 때는 무조건 박차고 일어나야 합니다. 나가서 걷는 거예요. 집 밖으로 나가기 싫을 땐 옥상을 빙글빙글 돌기도 합니다. 먼 곳을 보기도 하지요. 집 밖으로 나가는데 성공했다면 그냥 동네를 한 바퀴 도는 거예요. 음악을 들어도 좋습니다. 그게 싫다면 그저 숨을 쉬는 일에 집중해도 좋아요. 내가 숨 쉬는 소리 자체에 집중하거나, 내 주변에서 들려오는 소리에 집중하는 것도 훌륭한 방법입니다. 일종의 명상이지요. 다 요가원에서 배운 것들이에요. 요가를 수련하면서 명상을 함께 접하고, 명상을 즐길 수 있는 여러 가지 방법 중에는 산책도 포함돼 있습니다. 제가 마음으로 존경하고 사랑하는 선생님들은 이렇게 말합니다.

"자신의 호흡에 귀를 기울입니다. 들숨과 날숨에 집중하면서 내 의식을 지금, 이곳으로 가지고 오는 거예요. 마시는 숨과 내쉬는 숨. 다시 마시는 숨, 그리고 내쉬는 숨."

거창한 일이 아닙니다. 핵심은 하나예요. 지옥 속에서 맹수처럼 널뛰는 마음을 지금, 이곳으로 데리고 오라는 겁니다. 호흡에 집중하는 것은 그 맹수를 길들일 수 있는 수많은 방법 중 하나예요. 산책도 그렇지요. 요가 수련도 마찬가지입니다. 저는 이 모든 방법의 교집합이 바로 '몸'이라고 생각합니다. 마음이 지옥일 땐 몸을 움직이는 거예요. 무슨 수를 써서라도 몸을 일으켜야 합니다. 몸을 움직이지 않으면 지옥도 무너지지 않아요. 지옥 속에서 괴로워하는 마음을 구출할 길이 없습니다.

장 폴 사르트르는 희곡 〈출구 없는 방〉에서 "지옥, 그것은 타인들이다.L'enfer, c'est les autres."라고 썼습니다. 그 말에 얼마나 공감했는지 모릅니다. 그들이 다 지옥 같았거든요. 내 마음이 괴로워진 모든 원인이 타인인 듯했어요. 너무 많은 타인과 함께할 수밖에 없는 현대사회의 작동 방식을 원망하기에도 너무 좋은 대사였지요. 사르트르의 의도가 그게 아니라는 건 나중에 알았습니다. 1965년의 한 강연에서 사르트르는 이렇게 말했습니다.

"우리는 타인들이 판단하는 잣대로 우리 자신을 판단한다. (중략) 세상에는 수많은 사람이 지옥에서 살고 있는데, 그 이유는 그들이 타인들의 판단과 평가에 지나치게 의존하기 때문이다."

결국은 나 자신이라는 뜻입니다. 지옥은 타인이 아니었어요. 타인의 판단과 평가에 휩쓸리는 나 자신, 타인의 무심한 한마디에 지나치게 몰입하는 나 자신, 타인의 가벼운 무례도 쉽게 흘려보내지 못하는 내 마음에 있는 것이었습니다. 그 끔찍한 지옥도 결국 내가 건축한 집이었어요. 그러니 탈출하는 것도, 무너뜨리는 것도 오로지 내 몫이어야 했습니다.

요가를 수련하고 나면 끝도 없이 확장할 것 같던 이 지옥에 커다란 통창이 생기는 느낌이었습니다. 그 창을 통해 후련해질 수 있었어요. 마음은 평온해지고 몸은 개운해졌습니다. 더 강해진 자신과 만날 수 있었지요. 회사에 다닐 땐 점심시간마다 식사 대신 요가원으로 달렸습니다. 마감이 길어질 땐 저녁시간에 수련했어요. 그래야 버틸 수 있었습니다. 가벼워진 몸과 마음으로 업무효율까지 올라갔지요.

가벼운 산책, 들숨과 날숨에 집중하는 짧은 명상도 같은 원리입니다. 물론 그 결과가 커다란 통창이 아닌 날도 있을 거예요. 창의 크기가 너무 작아서 잘 보이지 않는 날도 있을 겁니다. 그런 날은 이제 공사의 첫날이라고 생각해보세요. 반복하다 익숙해지면 좀 작아도 빛과 바람이 쨍하게 통하는 창 하나를 찾게 될 겁니다. 그 작은 틈에서 지옥을 무너뜨릴 수 있는 각자의 실마리가 보일 거예요.

요가, 산책, 명상이 아니라도 좋습니다. 그저 몸을 움직이세요. 가벼운 스트레칭이나 줄넘기, 조깅이나 근력운동도 좋아요. 아무렇게나, 가볍게나마 움직이는 몸만이 지옥 같은 마음에 창을 낼 수 있게 해줍니다. 그게 익숙해지면 지옥에 머무는 시간도 점점 줄어들 거예요. 무례한 타인에게 전처럼 쉽게 휘둘리지도 않을 겁니다. 몸과 마음은 그런 식으로 이어져서 서로 강해질 수 있거든요. 내가 만든 지옥은 내가 무너뜨려야 합니다. 맹수를 길들일 수 있는 거의 유일한 방법, 나만의 창을 내는 비결입니다.

혼자일 수 있는 여유를 남겨둘 것

우리는 혼자가 되는 시간에 대한 공포를 배우면서 자라왔습니다. '외로움'이라는 단어에서는 어떤 긍정도 느끼기 힘들지요. 학창시절에는 외톨이가 되지 않기 위해 무던히도 애쓴 것 같습니다. 혼자가 편한 사람인데도 아침마다 미어캣처럼 고개를 들었습니다. 친구들이 삼삼오오 모인 곳에 가서 귀를 기울이고, 연결고리를 찾아 대화를 나누곤 했지요. 두려웠거든요. 혼자라는 느낌이. 그렇게 오늘도 외톨이가 되지 않아서 다행이라고 생각하면서 수업 전, 친구들과 보내는 짧은 시간에서 안도를 찾았습니다.

외향적인 태도는 습관이 되었습니다. 늘 어느 정도는 애쓰는 방식으로 익숙해지기 시작한 거지요. 그래서 기자 생활도 참 열심히 했습니다. 경찰한테 '형님'이라고 부르면서 취재하거나 쟁쟁한 인물들의 인터뷰를 진행하면서도 매우 즐거웠지요. 하지만 퇴사와 창업을 겪으면서는 좀 다른 경험을 하게 되었습니다. 리셋 버튼을 누른 것 같았어요. 아침에 출근해서 고개를 들면 아무도 없었습니다. 웃을 상대도 애쓸 대상도 없었던 거지요. 회사원에게는 회사가 사회입니다. 퇴사하니 사회가 사라졌습니다. 사회가 사라진 자리에는 나만 있었습니다.

일을 너무 열심히 하는 사람의 유대는 회사가 전부였습니다. 20대 중반부터 10여 년의 일과 여가와 고민과 즐거움은 모두 회사에서 비롯된 것이었습니다. 친하고 가까운 사람들과의 관계도 마찬가지였지요. 회사라는 테두리 안에서는 다정했지만 그곳을 벗어나면 굳이 그러지 않아도 되는 관계들이 너무 많았어요. 퇴사는 그 모든 것이 안개 걷히듯 서서히 사라지는 경험이었습니다. 스스로 선택했지만 예측하지 못한, 너무나 당연하게 내 곁에 있던 것들이 실은 상당 부분 회사에서 온 것이라는 사실을 혼자서 깨닫는 시간이었지요.

반응은 두 가지로 나타났습니다. 일에는 더 몰두했습니다. 아무것도 아닌 상태에서 빨리 벗어나고 싶었거든요. 빠르게 성과를 내고 싶어서 과로했습니다. 동시에 관계에서는 약자가 됐어요. 연락하지 않아도 되는 사람에게 괜히 메시지를 보내거나 전화를 거는 시간이 늘었습니다. 괜스레 안부를 묻거나 소식을 전하는 거였지요. 상대는 아마 궁금하지도 않았을 거예요. 하지만 조금은 매달리듯 그런 것 같습니다. 누구라도 곁에 있기를 바랐고, 누군가와 어떤 식으로든 연결되어 있다는 사실을 확인하고 싶기도 했어요. 5층 건물의 다락방 같은 5층 사무실에서 집중력을 잃고 멍하니 있다가 전화를 걸던 순간을 떠올려보면, 마치 유배지에서 편지를 쓰던 죄인의 일상 같기도 했습니다.

원숭이 사회에서도 인간 사회처럼 사회 질서를 위반하면 사회적으로 배척당하는 처벌을 받는다. 오스트라시즘ostracism을 말한다. (중략) 유인원이 인간으로 진화하면서, 또 집단이 부족이 되고, 왕국을 이루면서 왕이나 세력가가 내리는 추방의 고통은 고문이나 처형 다음으로 가장 심한 처벌이었다.

시카고 대학교 심리학자 존 카치오포는 《인간은 왜 외로움을 느끼는가》에서 이렇게 썼습니다. 아울러 교도소에서 내릴 수 있는 가장 심한 처벌 중 하나가 바로 독방 감금이라는 사실도 말하고 있지요. 오스트라시즘은 도편추방제라는 뜻입니다.

도편은 도자기 조각을 의미하지요. 고대 아테네에서는 도편에 이름을 적어내는 식으로 비밀투표를 했어요. 6천 표 이상을 받은 사람은 10일 이내에 아테네를 떠나 십 년 동안 돌아오지 못하게 했어요.

퇴사 후 창업, 창업 후 안정적인 파트너를 만나기까지 텅 빈 사무실에서 보낸 시간은 스스로 만든 사회적 독방 같기도 했습니다. 한국에서는 학제에 편입되는 순간 쉴 새 없는 전력 달리기를 시작해야 하잖아요. 중학교부터 입시의 관문에 섭니다. 대학도 가야 하고 취업도 해야지요. 그 숱한 관문 중 하나라도 실패하지 않기 위해, 더 잘하고 싶어서 적지 않은 긴장감을 늘 간직한 채 수십 년을 살아왔어요. 그 치열하게 보편적인 한국적 레이스 트랙 위에 자력으로 만든 균열이 바로 퇴사와 창업이었습니다. 어떤 방향으로든 달릴 수 있는 벌판에 혼자서 맨발로 선 셈이었지요. 무척이나 자유로웠지만 어쩔 수 없이 고립된 상태였어요. 고민이 많으니 무슨 말이든 하고 싶고, 누구라도 만나고 싶던 갈증은 바로 그 때문이었습니다. 외로움은 사회적 유대를 찾아 나서라는 몸과 마음의 신호라는 말은 나중에나 들을 수 있었지요.

회사에서라고 외로움이 없었을까요. 곁에 친구나 애인이 있다고 외로움에서 자유롭던 적도 없었습니다. 그렇게 돌이켜 보니 나 자신, 변한 게 없었어요. 나는 그대로인데 환경이 변한 것이었습니다. 주변이 조용해졌으니 스스로를 돌아볼 수 있는 기회였습니다. 누구를 따라가거나 조직의 규칙을 따르지 않아도 되니 나 자신의 방향과 규칙을 세울 수 있는 절호의 기회이기도 했지요. 어쩌면 낯섦 혹은 당황스러움이었을까요. 혹시 마침내 고독으로 향하는 길목에 있었던 건 아닐까요. 독일 철학자 하이데거는 《존재와 시간》에 이렇게 썼습니다.

> 타인의 지배 아래에 놓여 있는 일상으로부터 떨어져 나온 유한하고 고독하며 불안으로 가득 찬 세계, 그곳이야말로 우리의 본격적인 세계이며, 그곳에서 우리는 존재의 의미를 밝힐 수 있다.

니체는 《차라투스트라는 이렇게 말했다》에 이렇게 썼지요.

> 너의 고독 속으로 달아나라! 위대한 일은 한결같이 시장터와 명성에서 멀리 떨어진 곳에서 이루어진다.

니체와 하이데거, 두 명의 거인이 고독을 권하고 있었습니다. 우리의 본격적인 존재를 발견해 위대한 일을 도모할 수 있는 창조의 공간으로서의 고독. 이제 퇴사 후 몇 년이 지났고 제가 창업한 회사가 아직 크게 빛을 보지는 못했지만 두 거인의 어깨 위에서, 외로움과 고독을 구분할 수 있는 작은 시선만은 배웠습니다. 그를 바탕으로 몇 가지 지침도 만들어볼 수 있을 듯합니다.

고독이 느껴진다고 당황하거나 낯설어하지 말 것. 비로소 자유롭게 혼자가 될 수 있는 기회를 맨발로 반기고, 기꺼이 광야를 만나고, 그 위에서 시장터와 명성 같은 건 신경도 쓰지 말고 뛰어놀 준비를 할 것. 그렇게 오래오래 나만의 사막을 걷고 산을 오를 것. 언젠가 그 산의 정상에서 다시 한 번 혼자일 수 있는 여유를 남겨둘 것.

요즘은 혼자일 때마다 시선을 안으로 향하는 연습을 합니다. 내 안에 남아 있는 외로움과 당황을 달래고 저 안에 있는 고독을 환대합니다. 혼자라도 괜찮습니다. 혼자라서 괜찮다고 해야 할까요. 마침내 고요한 혼자가 되었을 때, 그곳에서만 할 수 있는 일들이 존재한다는 걸 이제는 압니다.

3장

꾸준함 속에 쌓이는 것, 언젠가 빛날 거라 믿는 것

시간은 절대 우리를 배신하지 않고,
꾸준함 속에 쌓인 것들은 고스란히 내 안에 있습니다.
그러니 해보는 수밖에요.
스스로를 배신하지 않기 위해.
언젠가 빛날 거라는 사실 하나만을 믿으면서.

언젠가 빛날 거라는
마음 하나만을 믿으면서

무슨 일이든 꾸준히 하다 보면 이런저런 기회들과 마주하게 마련입니다. 내 능력을 인정해주는 사람을 만나기도 하고, 내 잠재력을 꺼내주는 사람에게서 연락을 받는 날도 있지요. 저도 비슷한 경험이 여럿 있었습니다. 콘텐츠를 만드는 일, 에디터로서 10년 이상 일했으니까요. 같이 일하자 손을 내밀어 주거나 새로운 기회를 제시하는 사람을 만나는 일은 즐겁습니다. 자존감이 한껏 차오르는 순간이지요.

하지만 그럴 때마다 마음 한구석이 개운하지 않았습니다. 그 순간을 온전히 즐길 수 없었어요. 의심과 조바심, 다양한 감정과 질문들이 뒤섞여 있었어요. 스스로를 믿을 수 없었기 때문이지요. 퇴사 후였습니다. 나에 대한 불신이 더 커졌어요. 든든한 배경이던 회사가 사라지고 오로지 내 이름만 남았을 때 나 자신, 너무나 미약하고 보잘것없는 존재라는 생각이 지배하기 시작했거든요.

멋진 기회 앞에서도 의심했습니다. 아직 능력도 없고 하찮은 것 같은데 왜 나한테 이런 기회가 오는 걸까? 모자람은 너무 크고 잘하는 건 하나도 없어 나서기에도 모호했습니다. 유튜브 채널에서 하던 말을 공중파 카메라 앞에서 하고, 내 방 마이크에서 하던 말을 공중파 라디오 스튜디오에서 할 때의 마음도 그랬어요. 감당할 수 없이 넓은 물 위에 초라한 종이배 한 척을 띄운 기분이었지요.

그렇다고 기회를 놓칠 수는 없잖아요. 노를 젓지 않으면 침몰 직전이었으니까요. 채널과 사업은 커져야 하고 최소한의 돈을 벌어야 살 수 있지요. 콘텐츠는 더 많은 사람과 만나 관계를 맺어야 일말의 생명력을 얻습니다. 더 많은 사람이 보고 듣고 느껴야 합니다. 어쩌면 그것이 모든 일의 근간이기도 하지요. 우리는 결국 가치 있는 것을 만들기 위해 다양한 회사에서 일합니다. 공들여 만들어 마침내 공개하고 영향력을 미치려 최선을 다하지요. 그래서 받아들였어요. 그 후에 물었습니다.

"저… 혹시 왜 저한테 그런 제안을 하셨어요? 저 말고도 다른 훌륭한 분들이 많이 계시고, 사실 저는 아직 자격 미달이라고 생각했거든요."

확인을 받고 싶어 한 것 같기도 합니다. 자아가 너무 쪼그라들어 있었으니까, 다른 사람의 입을 통해 당신은 이미 충분하다는 의견을 듣고 싶었어요. 때론 내가 모르는 장점을 남이 발견해주기도 하거든요. 기회가 사람을 성장시키기도 하고요. 낮은 자존감에 허덕일 때는 다소 뻔뻔한 질문으로 돌파구를 찾으려고 한 것 같습니다. 덕분에 가끔은 이렇게 고마운 대답을 듣기도 했지요.

"그러셨군요. 그런데 의심하지 않으셔도 돼요. 제안을 할 땐 저희도 충분히 검토한 후에 결정하는 거니까요. 저희도 시스템이 있으니 충분히 검증을 받으셨다는 뜻이기도 합니다. 자신감을 좀 가지셔도 좋을 텐데요."

그동안 스스로를 붙잡고 있던 거대한 브레이크의 존재를 확인하는 것 같았습니다. 10년 이상 한 분야에서 실수도 하고 칭찬도 받아가며 꾸준히 성장해왔으면서도 작은 확신이 없었던 거예요. 내가 진짜 잘하는 게 뭔지, 내 약점은 무엇인지 심사숙고할 시간이 없었는지도 모르겠습니다. 회사에서 팀으로 일할 땐 서로 약점을 감싸주기도 하니까요. 훌륭한 동료들 사이에서는 의심할 게 없었어요. 스스로의 역량을 돌아볼 필요가 없었습니다. 독일 프라이부르크 대학교 임상심리학과 교수 기타 야코프는《매일, 조금씩 자신감 수업》에서 이렇게 씁니다.

> 자신감 있는 사람은 자신의 강점과 약점을 잘 알고 있으며, 모두 자신의 일부로 받아들인다. 이를 보통 자의식이라고 부른다. (중략) 또한 자신감 있는 사람은 성공과 실패로부터 자유롭고 어떤 상황에서도 자신의 가치를 인정할 줄 안다. 이를 자긍심이라고 한다.

약점에 대한 인식은 희미한 채 강점만 취하며 그게 전부라고 생각하던 그때의 자의식은 다소 부풀어 있는 상태였는지도 모릅니다. 제가 한껏 좋아하고 진심으로 열심히 일하던 회사가 그 자체로 든든한 배경이었거든요. 억대 연봉을 버는 직장도 아니었고 사회적으로 존경받는 고위직도 아니었지만, 저는 '에디터'라는 직함으로 콘텐츠를 만드는 일의 권능과 즐거움을 한껏 누렸습니다. 천직이 있다면 이런 거라고 생각했지요.

퇴사는 스스로를 돌아보는 계기가 되었습니다. 회사라는 울타리 밖에서 이름만 남았을 때, 지금까지 만들던 콘텐츠는 회사와 브랜드의 어마어마한 후광효과를 입고 있었다는 사실을 알게 된 거지요. 회사와 팀의 빛이 사라지자 벌거숭이가 된 기분이었습니다. 지금까지의 모든 경험은 무용지물. 자신감, 자존감, 자긍심도 사라졌습니다. 그러니 자꾸만 밖에서 확인하고 싶었던 거예요. 회사가 지켜주던 자존감이 사라지자 타인의 평가에 의존한 겁니다. 너새니얼 브랜든은 《자존감의 여섯 기둥》에서 이렇게 썼습니다

> 자존감은 내적 요인과 외적 요인에 의해 형성된다. (중략) '외적' 요인은 환경을 의미하는데, 여기에는 부모, 교사, '의미 있는 타인 significant other', 조직, 문화로부터 전달받는 언어적 비언어적 메시지와 그러한 외부와 교류함으로써 얻는 경험이 있다.

바로 이 외적 요인들이 퇴사 이후의 자존감을 지탱해주었습니다. 예상치 못한 초대와 환대, 기회와 인정으로 가까스로 유지하던 시간. 그마저도 길지 않았어요. 진짜 중요한 건 타인의 평가가 아니니까요. 너새니얼 브랜든은 "개인의 내면에 존재하는 것. 또는 생각이나 신념, 실천, 행동을 통해 스스로 만들어내는 것"을 내적 요인으로 정의했습니다. 외적 요인과 내적 요인은 자전거의 두 바퀴와 같지 않을까요. 하나가 망가지면 달릴 수 없어요. 스스로의 힘을 길러내지 못하면 그대로 고꾸라

진다는 걸 외적 요인에서 위로받으면서 깨달았습니다. 이제 내적 요인에 집중할 때였어요. 원래 내 안에 있던 것, 내가 쌓아온 것, 나만이 해낼 수 있는 가치를 바라봐야 한다는 뜻이었지요.

자존감의 두 바퀴를 이해하고 나서야 조금씩 자유를 느낀 것 같습니다. 내가 통제할 수 없는 요소에 자존감을 위탁한 채 휩쓸리는 대신 스스로를 바라보기로 했어요. 불안해하다 위로받고, 바닥을 치고 나서야 정신을 차리면서… 퇴사 이후의 시간은 그렇게 지내온 것 같습니다.

자존감, 자존심, 자긍심, 자신감… 너무나 많은 기준에 둘러싸여 우리는 살고 있습니다. 그 모든 기준을 높여 충족시키기 위해 오히려 전전긍긍하는 것 같기도 해요. 하나쯤 낮으면 어떤가요. 채우려고 애쓰지 않으면 또 어떤가요. 시간은 절대 우리를 배신하지 않고, 꾸준함 속에 쌓인 것들은 고스란히 내 안에 있습니다. 그러니 해보는 수밖에요. 스스로를 배신하지 않기 위해. 언젠가 빛날 거라는 사실 하나만을 믿으면서.

그 모든 빛은
사실 내 안에 있었습니다

갑자기 방향을 잃은 듯한 느낌이 들 때가 있습니다. 빈털터리가 된 듯한 기분. 불길하지요. 분명 쉼 없이 살아온 것 같은데 손에 쥔 게 아무것도 없어요. 스스로 아무것도 아닌 듯한 기분에 휩싸이지요. 그날 저녁도 그랬습니다. 퇴사 이후에도 열심히 일해왔지만 상황이 마냥 낙관적이지만은 않았어요. 오히려 나빠지는 것 같았습니다. 돌파구도 보이지 않았어요. 그만 접어야 할까. 다시 취업을 해야 할까. 그게 안정적이지 않을까. 고민이 깊었습니다.

요가 수련과 명상에서는 늘 '지금'의 중요성에 대해 이야기합니다. 과거는 지나갔고 미래는 오지 않았으니 오직 지금에 집중하는 순간에 삶의 정수가 숨어 있다는 거지요. 요가 철학뿐 아니라 불교에서도 매우 중요하게 생각하는 진리입니다. 법정 스님은《산에는 꽃이 피네》에서 이렇게 말씀하셨지요.

> 어떤 사람이 불안과 슬픔에 빠져 있다면 그는 이미 지나가버린 과거의 시간에 아직도 매달려 있는 것이다. 또 누가 미래를 두려워하면서 잠 못 이룬다면 그는 아직 오지 않은 시간을 가불해서 쓰고 있는 것이다. 과거나 미래에 한눈을 팔면 현재의 삶이 소멸해버린다. 보다 직설적으로 표현하면 과거도 없고 미래도 없다. 항상 현재일 뿐이다.

냉소가 습관인 누군가에게는 그저 하나마나한 소리처럼 들릴 수도 있습니다. 말 그대로입니다. 봄이 가면 여름이 오고 산에는 꽃이 피는 얘기인 거지요. 과거는 당연히 지나갔고 미래는 오지 않았습니다. 오직 현재만이 중요하다는 건 동서고금의 진리입니다. 모든 게 당연해요. 굳이 법정 스님의 말을 되새기지 않아도 됩니다. 심지어 영화 〈쿵푸팬더〉의 주인공 '포'도 말했어요.

> **"어제는 역사예요. 내일은 미스터리죠. 하지만 오늘은 선물이에요. 그래서 우리가 현재를 'present'라고 부르는 거예요."**

제가 늘 생각하는 건데요, 당연한 소리는 중요합니다. 진부한 말, 익숙한 말도 중요해요. 사실 우리는 너무나 당연한 것들을 지키지 못하고 살아가느라 허덕이는지도 모르거든요. 당연하다고 쉬운 건 아닙니다. 현재가 중요한 건 누구나 알지만 우리의 마음은 과거에 매어 있거나 미래를 좇느라 내내 불행하잖아요. 머리로는 알지요. 과거도 미래도 손에 잡히지 않습니다. 머릿속에만 있어요. 하지만 그런 '생각'이야말로 얼마나 강력한가요. 속절없이 휘둘리고 마는 거지요.

그런데 그날 저녁은 문득 돌아본 지금이 그렇게 초라할 수가 없었어요. 등에서 식은땀이 나는 것 같았습니다. 아무리 눈을 감고 의식을 지금, 이곳으로 가져오려고 애를 써도 불안만 커졌어요. 사업 초기, 다시 혼자가 된 시점이었습니다. 모든 게 백지상태였지요. 막연하고 막막했습니다. 그러다 소파에서 잠들었어요.

이튿날 새벽 눈을 뜨자마자 서재로 갔습니다. 꽤나 논리적인 흐름이었지요. 지금까지 책을 만들어온 사람이니까, 내가 만들어온 매거진들을 다시 한 번 보고 싶었어요. '지금이 비어 있다면 과거는 가득 차 있지 않을까' 하는 생각이 문득 들었기 때문입니다. 지금은 막연하지만 과거에는 막막하지 않았거든요. 돌아보면 몰두했던 기억이 가장 많았습니다. 괴로움, 스트레스, 실망도 많았지만 그런 기억에는 주의를 기울이지 않았어요. 그저 선명했던 몰두의 흔적을 찾고 싶었습니다. 그 안에서 지금 잃어버린 것들을 찾고 싶었어요.

몇 시간이나 서재에 틀어박혀 있었을까요? 책장에 꽂혀 있던 잡지를 몇 권 펼치자 참 열심히 일한 기억들이 모조리 떠올랐습니다. 그때 쓴 칼럼, 그때 찍은 화보들이 매거진 안에 그대로 있었어요. 매거진을 몇 권 보고 났더니 조금씩 확신이 생겨났습니다. '이렇게 밀도 높은 시간들이 그냥 사라지지는 않았을 거야' 스스로 생각하기 시작했어요. 지금은 상황이 좋지 않아 스스로를 부정하고 있지만, 분명히 내 안 어딘가에 실력으로 쌓여 있을 거라는 믿음을 더듬더듬 찾고 있었던 거예요.

무엇보다 그때의 나 자신, 썩 나쁘지 않은 에디터였습니다. 어떤 화보는 지금도 부끄럽지 않은 감도였습니다. '이걸 내가 썼나' 싶은 생각이 들 정도로 좋은 문장도 찾을 수 있었어요. 그렇게 오전 시간을 보냈습니다. 마음이 조금씩 후련해졌어요. 갈피를 잡았다고 해야 할까요. 지금까지의 시간들이 앞으로의 시간을 가르쳐준 듯한 기분이 들기도 했습니다. 소파에 앉아서 심호흡을 깊게 하고 과거를 기반으로 미래를 다시 설계하기 시작했어요. 목록들이 떠올랐습니다. 하고 싶은 일이 다시금 생각난 거예요. 소설가 조지 오웰의 《1984》에는 이런 문장이 있습니다.

> **현재를 지배하는 자가 과거를 지배하고, 과거를 지배하는 자가 미래를 지배한다.**

소설의 문장은 훨씬 더 거대하고 복잡한 의미를 내포하고 있을 겁니다. 역사와 권력과 인간에 대한 통찰이 담겨 있을 거예요. 하지만 그날만큼은 매우 개인적으로 해석하고 싶었습니다. 현재를 추스르고 보니 과거에서 답을 찾고 싶었고, 과거를 꼼꼼하게 살펴보니 미래의 실마리를 찾을 수 있었다는 식으로 말이지요.

너무 바쁘게 지낼 땐 앞만 보고 달리게 돼요. 앞만 보고 달릴 땐 불안할 수밖에 없습니다. 완전히 비어 있는 백지 상태야말로 미래의 속성이기 때문입니다. 막연히 불안을 느낄 때마다 그날 오전을 생각했습니다. 멀리 가지 않아도 됩니다. 지난달에 만든 영상과 지난주에 쓴 칼럼을 다시 읽어보기도 했습니다. 그 안에서 순정한 몰입의 조각들을 다시금 발견했어요. 지금, 이곳에 집중할 수 있는 힘을 얻었습니다.

아무리 애를 써도 지금이 불안할 땐 과거에서 한번 답을 찾아보세요. 매일의 질주 속에서 잊고 있었던 몰입과 성실함, 차곡차곡 쌓아온 실력들이 여전히 반짝이고 있을 겁니다. 과거의 좋은 점이 하나 있다면, 그건 바로 변하지 않는다는 거잖아요. 그 모든 빛이 이미 내 안에 잠들어 있었다는, 그 단정한 사실로부터 내일을 살아가기 위한 힘을 얻는 겁니다.

좋아하는 일을 발견하는 방법

좋아하는 일을 직업으로 삼는다는 건 아마 평생의 화두일 겁니다. 안정적인 연봉을 받으면서 직장을 다니는 친구들 중 상당수가 '내가 진짜 좋아하는 일'을 아직도 찾고 있거든요. 학교 다닐 때 배운 직업은 분명히 '자아실현의 장'인데 현실은 전혀 그렇지 않으니까요. 그 친구들이 저를 만날 때마다 '너는 그래도 좋아하는 일을 직업으로 하고 있으니 행복하지 않느냐'고 해서 진지하게 한번 생각해봤습니다. 무척 개인적인 이야기예요. 다만 분명한 기준을 발견하실 수는 있을 겁니다.

맞습니다. 저는 진짜 하고 싶은 일을 하고 있어요. 십여 년 동안 매거진 에디터로 일하면서 무수히 많은 칼럼과 인터뷰를 쓰고 화보를 찍었습니다. 텍스트와 이미지를 생산하고 그 둘을 조합해 인쇄물을 만들어냈습니다. 아이유나 빅뱅 같은 국가대표 셀러브리티부터 이순재, 신구, 장사익 선생님 같은 어른들까지 셀 수 없이 많은 인터뷰이와 만나면서 살아 있는 언어와 통찰을 배울 수 있었지요.

주저 없이, 원 없이 일했습니다. 실력 있는 에디터로 인정받기도 했습니다. 인지도도 쌓았고 돈도 벌었어요. 더 잘하고 싶어서 더 잘하게 됐고, 더 멋진 걸 만들고 싶어서 실제로 그렇게 했어요. 무척 피곤했지만 보람이 있었습니다. 저보다 돈을 더 많이 버는 다른 분야의 친구들이 부럽지도 않았어요. 좋아하는 일을 직업으로 삼으면 이런 감정들을 느끼게 됩니다. 나를 더 이해하게 되고, 그 이해를 바탕으로 든든한 기둥 하나를 세우게 됩니다. 흔들림 없이 매진하며 성장할 수 있는 거지요. 매거진 회사를 직장으로 삼으면서 이런 태도를 취할 수 있었던 이유가 있습니다. 애초에 스스로를 잘 알았기 때문이에요.

저는 가만히 내버려두면 글을 쓰는 아이였습니다. 학생일 땐 연습장을 양방향으로 썼어요. 앞 장부터는 영단어를 쓰거나 수학 문제를 풀고, 뒷장부터는 일기랄까 메모랄까 머리에 떠오르는 문장들을 낙서처럼 쉼 없이 썼습니다. 백일장이 열리면 그렇게 써놓은 문장들을 모아 완성한 글을 출품했고 상도 종종 받았어요. 대학생일 때도 어쨌든 내내 썼습니다. 그사이 연습장이 블로그로 바뀌었다는 게 차이라면 차이였지요. 생각이 넘치는데 쓰지 않으면 불안했습니다. 일종의 욕구불만을 느꼈어요.

진짜 좋아하는 일이란 누가 시키지 않아도 알아서 하게 되는 일, 그 자체로 몰입이 즐거운 일입니다. 취향이나 호불호의 문제가 아니에요. 못하면 괴로워지는 불안과 간절함, 경쟁 상대가 없어도 더 잘하고 싶은 승부욕이 생기는 일입니다. 동시에 남들보다 조금은 잘할 수 있는 일이어야 합니다. 가만히 살펴보면 다른 사람들은 좀 어려워하는데 나한테는 이상하게 쉽고 재미있는 분야나 일이 있어요. 그런 걸 재능이라고 하는 것입니다.

저한테 글쓰기라는 건 이런 조건들을 자연스럽게 충족시키는 영역이었습니다. 하지만 직업으로 삼으려면 조건이 하나 더 필요하지요. 바로 돈입니다. 그걸 팔아서 돈을 벌 수 있어야 해요. 꿈과 현실의 영역은 돈이라는 교집합으로 끈끈하게 이어져 있습니다.

그래서 글로 돈을 벌 수 있는 직업을 찾기 시작했습니다. 그 다양한 선택지 중 하나가 기자였어요. 매체도 중요했습니다. 일간지에서 보도문을 쓰고 싶지는 않았으니 인터뷰나 칼럼을 쓸 수 있는 월간지 기자를 지망했습니다. 유명한 소설가 중에는 월간지 기자 출신이 적지 않았거든요. 목표는 분명했어요. 그들처럼 잘 쓰고 싶었습니다.

눈치가 빠른 분들은 이미 뭔가 느끼셨을까요? 저는 처음부터 직업을 고른 게 아니었습니다. 좋아하는 일을 발견했어요. 그런 다음 직업을 골랐지요. 학창시절의 고민 중엔 더 다양한 직업이 있었지만 그런 건 스쳐갈 뿐입니다. 잠깐 호기심을 느꼈을 뿐 간절하지는 않았으니까요. 예를 한번 들어볼까요?

고등학교 때는 외과의사가 되고 싶어 한 적도 있습니다. 그런데 사람의 피부를 칼로 가른다는 사실을 생각하니 아찔했어요. 변호사가 되고 싶은 적도 있었지요. 하지만 현실적으로 의뢰인을 제가 고르거나 통제할 수 없다는 게 마음에 걸렸습니다. 범죄자에게도 변호인이 필요하니까요. 심리학을 공부하고 싶기도 했지만 일견 수학이나 과학에 가까운 학문이라는 걸 깨닫고 돌아섰습니다. 그런 관점이라면 문학이 더 맞는 길이라고 판단했어요. 그래서 영문학 수업을 즐겨 들었습니다.

호기심과 의지는 매우 다른 영역의 단어예요. 나와 잘 맞을 것 같고 돈도 괜찮게 벌 것 같고 좋아 보여서 관심이 생기는 건 호기심의 영역입니다. 사라지거나 꺾일 수 있어요. 제가 언급한 직업 중 하나라도, 정말 하고 싶은 직업이라면 무슨 수를 써서라도 해냈을 겁니다. 그게 의지예요. 의지에는 도돌이표 같은 힘이 있습니다. 지금이 아니라도 언젠가는 하게 된다는 뜻이에요.

이런 과정, 어떤 감정들을 열정이라는 말로 표현할 수도 있을 겁니다. 스티브 잡스 같은 위인들이 한 말을 가져와서 '열정을 따르라'고 말할 수도 있을 거예요. 맞는 얘기지요. 그런데 열정이라는 단어가 내포하는 에너지와는 좀 달랐어요. 그게 그렇게 뜨겁고 확실하지 않거든요. 횃불이 활활 타올라서 길을 밝히는 그런 느낌이 아닙니다. 뭔가 번쩍하고 운명을 알아보거나 첫눈에 반하는 그런 것도 아니에요.

차라리 신중하게 두드리는 돌다리에 가깝습니다. 이게 맞나 싶은 의심, 불안, 후회를 가까스로 극복하고 한 발 한 발 조심스럽게 내딛는 행보였어요. 그렇게 십수 년을 하고 나니 '오, 혹시 나는 애초에 좋아하는 일을 선택했으니까 여기까지 올 수 있었던 걸까?' 새삼스럽게 깨닫게 된 것이지요.

"싫어하는 일을 선택해도 실패할 수 있다. 그렇다면 좋아하는 일을 선택하는 게 낫지 않을까?"

두 번이나 골든글로브 남우주연상을 수상한 짐 캐리는 이런 말을 했습니다. 동의해요. 요즘은 좋아하는 일을 발견했고, 그걸 기반으로 직업을 선택해 프로페셔널이 되었으니 어떻게든 이것으로 승부를 봐야겠다는 결심을 종종 합니다. 다른 것들을 시도할 수는 있겠지요. 하지만 언제 어디서든 도돌이표를 만나게 될 것 같아요. 퇴로 같은 건 그냥 없다 생각하고 더욱 매진해보려고 합니다. 언젠가는 멋진 범죄소설 한 편을 쓸 수 있을까. 그런 꿈도 간직하고 있고요.

좋아하는 일을 발견한다는 건, 그걸 직업 삼아 삶을 일궈간다는 건 행복과 안정을 약속하지 않습니다. 오히려 일단 출발은 했으니 물러설 수 없는 외줄타기에 가까워요. 저도 그렇습니다. 퇴사와 창업 이후의 라이프스타일은 하루하루 도전과 버티기예요. 하지만 퇴사 이전의 삶도 도전과 버티기였습니다. 우리 모두의 삶이 그렇지 않나요. 당신도 불안과 조바심, 외로움과 의심을 딛고 어떻게든 하루하루 열심히 살고 있지 않나요. 그렇다면 그냥 삶의 속성 자체가 그런 거 아닐까요.

일단 여기까지는 알겠으니 하루하루 산책하듯 걸어보려고 합니다. 대체로 걷고 때로는 달리고 지치면 쉬면서 가볼 생각입니다. 아직 이렇다 할 성공을 거두지는 못했지만 포기하지도 않으려고 합니다. 참 좋아하는 일이니까요. 좋아하는 일에 퇴로 같은 건 존재하지 않으니까. 가장 어두운 순간에도 약간의 의지만은 남아 있기 때문입니다.

하고 싶은 일로
밥벌이를 할 수 있다는 것

하고 싶은 일과 해야 하는 일. 아마 영원한 화두일 겁니다. 직장에 다니는 사람에게도 멈추지 않는 고민이고, 취업을 준비하는 분들에게도 중요한 문제일 거예요. 청소년 입장에서도 엄청나게 중요한 질문일 것입니다. 해야 하는 일은 어쩐지 괴롭게 느껴지고 하고 싶은 일을 하는 일상은 매우 이상적으로 느껴질 것 같아요. 어느 한쪽을 경험해보지 않은 상황이라면 아마 그럴 겁니다.

오늘은 나름 치열하게 고민했고, 용기 있게 선택했고, '하고 싶은 일'의 범주 안에서 후퇴 없이 커리어를 이어온 사람 입장에서 지금까지의 결론을 말씀드려볼까 해요. 글을 쓰는 게 좋아서 기자 혹은 에디터가 되었다가 마흔을 넘긴 어느 주말 오후에 이렇게 책을 쓰고 있는 사람의 입장이랄까요. 이 원고를 다 쓰고 나면 어제 찍은 영상을 편집해 유튜브에 업로드할 생각입니다. 정리하자면 글과 말과 영상을 도구 삼아 뭔가 만드는 일을 계속 하고 있는 사람의 입장 정도가 되겠네요.

녹록지 않습니다. 마냥 즐겁지도 않아요. 쉽지도 않습니다. 하고 싶은 일을 한다고 일하는 모든 순간이 행복할 수는 없어요. 또래의 직장인들이 제각각 회사로 향하는 아침, 노곤하게 일어나 오전 10시쯤 동네 카페에 가서 랩탑을 펼쳐 일을 시작하는 뉴요커 같은 낭만? 절반은 맞고 절반은 틀린 이야기입니다.

저 같은 일을 하는 사람이 어쩌다 늦게 일어날 수 있는 유일한 이유는 새벽 4시경에 잠들었기 때문일 거예요. 아침까지 해야 하는 마감을 오늘 새벽 3시 반 정도에 마무리했으니까요. 하지만 하나의 마감으로 한 달을 버틸 수는 없으니까, 눈을 뜨면 또 다른 마감에 매진합니다. 일은 해도 해도 끝나지 않아요. 저 같은 직업인의 일상에 '퇴근'이라는 단어는 존재하지 않습니다. 근무 시간으로만 따지면 과로가 일상이지요. 어쨌든 돈을 벌어야 하고, 하는 만큼 돈이 되는 냉혹한 현실 앞에 프리랜서, 작가, 스타트업 대표라는 단어들이 낭만이라는 옷을 입고 있습니다. 입어보니 너무 얇은 옷이네요. 그러니 추운 날은 피할 도리 없이 떨어야 해요. 매달 25일에도 도리 없이 서늘해집니다. 법인 통장에서 월급을 입금해야 하거든요.

그렇다고 마냥 추운 것만은 아닙니다. 장점도 있어요. 회사에 속하지 않으니 하루를 자유롭게 설계할 수 있지요. 상사가 없으니 불필요한 스트레스를 받을 가능성도 현저히 낮아집니다. 사내 정치에 휘말릴 일도 없어요. 비교적 심플한 상황에서 오로지 하루하루 내 일을 해내는 것뿐입니다. 월급, 상여금, 승진과 퇴직금도 없지만 예측할 수 없는 미래를 향해 매일 벽돌 하나를 나르는 거예요.

이런저런 과로와 불안을 치워낸 자리에 남는 것은 바로 그 명료함일 겁니다. 벽돌 하나를 나른다는 기분으로 하루를 산다는 진실. 나는 나의 일을 하고, 씨앗을 심은 자리에는 나무가 자란다는 믿음으로 버텨내는 의지일 거예요. 어제 쌓은 벽돌은 그 자리에 정확히 놓여 있어요. 새로운 벽돌을 옆에 놓을지, 위로 쌓을지 결정하는 일 역시 제 선택입니다. 이 성이 어떤 모양으로 언제 완성될지는 모르지만 어쨌든 짓고 있는 것이지요. 일단 시작한 공사도 무를 수는 없습니다. 하루가 쌓여 한

달이 되고 시간은 점점 빨라지기만 하지요.

돌아볼 시간도 없어요. 하나의 벽돌, 하나의 성취, 하나의 책임을 착실하게 엮어갑니다. 불안하고 지쳐도 돌이킬 방법이 없습니다. 불안은 이겨내야 하고 지치면 회복해야 해요. 성취의 기쁨은 빠르게 희미해지고 책임감은 매일 눈덩이처럼 불어납니다. 시간이 흐르면 흐를수록 일과 나 사이의 거리가 좁아집니다. 가끔은 일과 내가 전혀 분리되지 않는 듯한 느낌이 들기도 해요. 이런 일상에 온전한 휴식은 없는 것처럼 보일 수도 있습니다.

그런 사실이 괴롭기만 하다면 단 하루도 버텨낼 수 없을 겁니다. 하지만 사랑에는 의심이 끼어들 여지가 없는 법. 일을 할 땐 다른 것을 생각하지 않습니다. 어떻게 하면 더 잘할 수 있을지, 어떤 방식으로 조금 더 여유 있게 생존할 수 있을지만 계속 고민합니다. 스스로 납득할 수 있는 고민은 억지스럽지 않아요. 불안이나 과로도 이런 흐름 위에 있습니다. 어떻게든 방법을 찾아야지요. 감당해야 하는 거예요. 이럴 때 스티브 잡스 같은 위대한 기업인을 언급하는 건 어쩐지 거창하지만… 이 말이 세상 모든 직업의 시작이자 진리임을 부정할 수는 없을 겁니다.

"위대한 일을 하는 방법은 바로 당신이 하는 일을 사랑하는 것입니다. 아직 그런 일을 찾지 못했다면 계속 찾아보십시오. 타협하지 마세요. 왜냐하면 당신의 마음이 하는 모든 것이 그렇듯이 그 일을 찾게 되면 당신은 그저 알게 될 테니까요."

제가 지금 하고 있는 일이 감히 위대하다고는 생각하지 않습니다. 다만 이것만이 제 일이라는 단단한 확신만은 소중하게 갖고 있어요. 해내야 하는 어떤 일로부터도 쫓기지 않는 날, 시간이 고양이 털처럼 많다 여겨지는 드문 날, 소파에 앉아 있으면 저도 모르게 또다시 일에 대해 생각하게 됩니다. 이런 글을 쓰고 싶고, 저런 영상을 찍고 싶고, 그런 콘텐츠를 만들고 싶다고 흥겹게 상상합니다.

"다른 건 모르겠고 열심히는 하고 있어요."

덕분에 '요즘 어떠냐'는 질문에는 이렇게 대답할 수 있게 되었습니다. 창업 초기에는 '비즈니스 모델이 뭐냐'는 질문을 참 많이 받았어요. 미디어 스타트업의 외피를 두른 회사를 운영하고 있으니 당연한 질문이겠지요. 그때도 거리낌 없이, "우리의 비즈니스 모델은 생존"이라고 답했습니다. 살아 있으면 쓰고 말하고 만들 수 있기 때문입니다. 이윤과 수익을 따지고 들면 한숨이 커지는 날에도 저는 아직 살아 있습니다. 살아서 사랑하는 일을 합니다. 불안하고 어렵고 지치지만 매일 뭔가 만들어내고 있습니다. 그게 제 직업입니다. 이 정도의 불안이라 다행이라고, 매일매일 생각합니다.

나의 속도로 가고 있습니다

전 회사 연말 파티장에서였습니다. 연예인과 모델, 업계 종사자들로 가득한 행사장 분위기가 무르익었을 때 저쪽에서 한 사람이 다가오는 게 보였어요. 당시 다양한 매체에서 필명을 날리기 시작하던 또래 칼럼니스트였습니다. 나는 그의 글을 잘 알고 있었고, 자기만의 글로 세상과 맞서는 듯하는 그를 조금은 선망하기도 했지요. 한 손에 샴페인 잔을 들고, 조금은 상기된 얼굴로 그가 물었습니다.

"전부터 궁금한 게 있었어요!"

"네!"

음악 소리가 큰 파티장이라, 우리는 조금 소리를 지르는 듯 한 볼륨으로 대화를 시작했습니다.

"기자님은 왜 반대로 오셨어요?"

"네?"

파티장은 DJ가 플레이하는 음악과 사람들의 웃음소리로 가득 차 있었습니다. 하지만 못 들어서 되물은 것은 아니었지요. 질문의 의도를 파악하지 못했어요. 그가 말하는 '반대'의 개념이 궁금했습니다. 그는 이렇게 되물었습니다.

"신문사에서 잡지사로 오셨잖아요."

저는 잠시 멍해졌어요. 설명을 들었는데도 무슨 뜻인지 정확하게 알 수가 없었습니다. 신문사에서 잡지사로의 이직을 왜 역방향이라고 생각했을까요? 대답이 늦어지는 사이 그가 웃으면서 말을 이었습니다.

"다른 사람이라면 거기서 방송 기자가 됐을 거예요. 그러다 정치를 하거나 대기업 홍보실로 갔겠죠."

그제야 알 수 있었어요. 이해하고 나서 저도 활짝 웃으면서 대답했습니다.

"네, 맞아요. 그랬을 수 있겠네요!"

그 칼럼니스트의 속내는 이런 것이었어요. 저는 신문사 공채 출신 기자로 사회생활을 시작했습니다. 사회부 수습기자 생활을 마치고 그 회사에서 만드는 여성 월간지 기자가 됐지요. 제 선택이었습니다. 입사 지원서를 쓸 때부터 여성 월간지를 지망했어요. 거기서 정신없이 월간지를 만들던 2년은 힘든 만큼 행복했습니다. 원 없이 만나고 썼거든요. 그다음 직장은 제가 좋아하던 남성 월간지였습니다. 전부터 일하고 싶던 곳. 저한테는 꿈을 이뤄가는 과정이었는데, 그 칼럼니스트에게는 역행으로 보인 거였지요.

그날의 짧은 대화가 아직도 선명합니다. 20대 후반이던 당시에는 또렷한 의도가 없었어요. 하고 싶은 흐름대로 결정하고 이뤄온 일이었습니다. 의지와 행운이 반반이었다고 생각해요. 실력은 경험으로 쌓을 수 있었습니다. 저는 내내 만족했지만 세간이 생각하는 출세의 길과는 반대로 온 것처럼 보일 수 있는 행보였어요. 그의 말에도 일리가 있었습니다.

신문사 기자가 되는 건 '언론고시'라고 부를 정도로 어려운 게 사실입니다. 신문사 기자로 사회생활을 시작한 사람에게는 다양한 가능성 또한 열려 있지요. 거기서 일하는 2년 사이에 대기업이나 정치권으로 가는 선배도 봤습니다. 기자라는 커리어를 바탕으로 하면 더 안정적인 급여, 조금 더 큰 권력을 손에 쥘 수도 있다는 조언들의 방증이었지요. 그에 비해 에디터 혹은 잡지사 기자의 미래는 딱히 정해진 것이 없어 보였을 거예요. 허세처럼 보였을지도 모릅니다. 저는 말을 이어갔어요.

"제가 이 잡지를 되게 좋아했어요. 제가 좋아하는 에디터들이 다 여기 있었거든요."

참 많은 사람이 기자라는 직업을 발판으로 생각합니다. 다양한 사람을 만나 인생의 다음 단계를 설계할 수 있기 때문이지요. 하지만 누군가는 오로지 기자로서의 삶 자체를 보고 기자가 되기도 합니다. 펜이 칼보다 강하다는 신념으로 좋은 영향력을 끼치고 싶어 기사를 쓰는 기자들 또한 여전히 많지요. 생각해보면 저는 그런 계산이나 사명감도 없었습니다.

"저는 글을 쓰고 싶었어요. 그래서 여기로 온 거예요. 마음껏 쓰고 싶어서."

그 칼럼니스트는 그제야 좀 알겠다는 표정으로 돌아섰습니다. 저는 그 잡지사에서 8년을 꽉 채워 일했지요. 후회 없는 시간을 보냈습니다. 존경스러운 선배와 신뢰하는 후배들이 있었어요. 급여도 나쁘지 않은 수준이었지요. 직업적 만족도 역시 매우 높은 상태에서 한껏 성장했습니다. 퇴사 즈음까지도 일요일 저녁이 되면 내일 회사에 갈 생각으로 살짝 들떴어요. 반대로 온 것이 아니었습니다. 바른 선택이었지요. 데일 카네기의 유명한 말이 생각났습니다.

"내가 알고 있는 최대의 비극은 많은 사람이 자기가 진정으로 하고 싶은 일이 무엇인지 알지 못한다는 것이다. 단지 급료에 얽매어 일하는 사람처럼 불쌍한 인간은 없다."

높은 급여나 사회적 영향력을 생각했다면 대기업이나 방송사로 이직했을 겁니다. 애초에 언론사에 입사할 생각을 안 했겠지요. 외국계 회사나 은행, 대기업에 지원했을 겁니다. 신문사를 퇴사하던 날, 한 선배는 이렇게 말했어요.

"여기서 열심히 하면 사회부, 정치부 거쳐서 점점 클 수 있을 텐데."

선배의 말도, 칼럼니스트의 질문에도 근거가 있었습니다.

하지만 저에게 직장은 출세의 조건이 아니었어요. 하고 싶은 일의 실력과 근본을 다지기 위한 도전에 가까웠지요. 글을 돈으로 바꿀 수 있는 직업 중 (그나마) 안정적인 것이 기자였고, 내가 쓰고 싶은 글을 맘껏 쓸 수 있는 매체가 당시의 남성 월간지였습니다. 안정과 권력을 좇는 선택에도 의미와 보람이 있었을 테지만, 그때의 저는 꿈과 낭만과 현실 사이에서 나름의 균형을 찾은 것이었어요.

매체에 소속된 기자로서의 커리어를 끝낸 후에는 '미디어 스타트업'이라는 카테고리에서 창업했습니다. 요즘 같은 시대, 미디어나 콘텐츠 같은 단어들의 의미는 시시각각 격변하는 중이에요. 지금은 유튜브에 저만의 성을 건축하고 있습니다. 한 달 단위 마감을 하지는 않지만 매일 취재하고 글을 써요. 영상을 위한 스크립트, 다른 매체를 위한 칼럼, 책을 위한 에세이를 쓰고 카메라 앞에서 말하고 영상을 만듭니다. 사라진 것은 월급과 안정, 또렷해진 것은 내가 매일 만드는 콘텐츠가 차곡차곡 쌓여 더 큰 힘, 혹은 자산이 되어간다는 감각 그 자체입니다.

데일 카네기의 말에 따르면 저는 '내가 진정으로 하고 싶은 일이 무엇인지' 비교적 빨리 알고 있었던 걸까요. 대기업에 소속된 것도 큰 권력을 손에 쥔 것도 아니지만 방황하지는 않습니다. 조바심이 날 때는 이 일을 더 열심히, 많이 할 수 있는 루틴을 고민합니다. 저에게는 저만의 일이 있습니다. 망망대해에서도 원하는 방향으로 노를 저을 수 있는 배를 한 척 가진 기분으로 오늘도 일합니다. 어쩌면 여기가 진짜 시작점이 아닐까. 요즘은 더 자주 생각합니다.

한 번의 선택이
당신의 미래를 결정하지는 않아요

20대 후반의 일입니다. 홍대 인근의 카페에서였어요. 어떤 미술관 관장님과 하는 인터뷰 말미, 서로 어느 정도 편하게 말을 주고받을 수 있게 된 분위기에서 어쩌다 연봉 이야기를 나누게 되었습니다. 사회생활을 막 시작한 입장에서 다양한 직군의 연봉 수준이 궁금해서 물어본 것이었지요. 그는 스스럼없이 대답해주었습니다. 그러곤 내게 물었어요.

"그럼 정 기자님은 연봉이 얼마나 되나요?"

입사 첫해였습니다. 저도 스스럼없이 대답했어요.

"지금 연봉이 1,800만 원이니까 월급은 150만 원 정도 돼요. 세금 떼면 조금 덜 들어오고요."

그가 조금 놀란 표정으로 이어 말했습니다.

"대단하네요."
"하하. 맞아요. 저희 회사가 언론사 중에서도 좀 적은 편이에요."
"아니요, 그것도 그렇기는 한데 정 기자님이 연봉을 말씀하시는 태도가 놀라워요."

내가 의아한 표정을 짓자 그가 말했습니다.

"보통 연봉이 적은 사람은 액수를 그렇게 당당하게 말하지 않아요. 연봉이 곧 자기 가치라고 생각하거든요."
"아… 그런가요?"

조금은 멍한 표정이었을 거예요. 실은 머릿속이 복잡했습니다. 혹시 내가 예의가 없었나? 그래서 실례를 범한 것은 아닐까?

"전혀 몰랐어요. 혹시 실례되는 질문이었다면 죄송합니다."
"하하, 괜찮아요. 좋아서 여쭤봤어요. 월급을 자기 가치라고 생각하

지 않는 20대를 오랜만에 만났어요. 좋네요. 정 기자님이 앞으로도 그런 태도로 계속 살기를 응원할게요. 정말 좋아서 그랬어요."

어쩌면 당연한, 일종의 사회적 약속일 겁니다. 서로의 연봉이나 월급은 묻지 않습니다. 그건 매우 사적인 영역이고, 자본주의 시대를 살아가는 사람은 대부분 연봉을 자신의 시장 가치와 동일시하니까요. 누군가에겐 자존감의 근거일 거예요. 누군가에게는 자존심 그 자체일 겁니다. 하지만 당시의 저에게는 그런 개념이 전혀 없었어요. 그저 글을 쓰면서 돈을 벌게 되었다는 사실 자체에 큰 만족을 느끼고 있었습니다. 영원히 그 월급을 받을 거라는 생각 역시 해본 적이 없었지요. 중요한 건 딱 하나였습니다. 좋은 인터뷰를 하는 것. 정확하고 풍성한 취재를 하는 것. 그를 바탕으로 읽을 가치가 있고 끝까지 읽히는 기사와 칼럼을 완성하는 것.

약 2년 후에는 다른 매체로 이직했습니다. 이유는 분명했어요. 좋을 글을 배우고 싶었습니다. 지금 시장에서 가장 글을 잘 쓰는 사람들이 모인 매체에서 일하고 싶었어요. 꾸준히 문을 두드렸고, 마침내 연이 닿았고, 다행히 합류하게 되었습니다. 그야말로 다채로운 생활이 시작됐어요. 마음껏 기획하고 쓰면서 멋진 잡지를 만드는 데 몰두했습니다.

"너무 부럽다. 일이 재밌다니."

대학 동기들을 만나면 이런 말을 들었습니다. 친구는 말했지요.

"나는 요즘 꿈이 없어. 회사는 그냥 다니는 거지. 옷? 그거 수트 아니야. 전투복이지. 누가 전투복으로 멋을 내? 그냥 입는 거야. 전쟁터 나가는 마음으로."

이런 순간일 겁니다. 하고 싶은 일을 하면서 꿈을 좇는 사람과 어느 정도 경제적 안정이 보장된 선택을 한 사람 사이의 영원한 아이러니. 실은 저도 부러웠어요. 친구의 성공과 안정, 점점 나아지는 살림살이와 차분하게 계획 가능한 미래까지 아주 멋있어 보였습니다. 서로가 각자 다른 이유로 서로를 부러워하는 상황에서 우리는 그저 열심히 살아온 것이었지요. 이런 대화를 나누고 나서 10여 년이 지난 지금은 어떤 상황일까요? 변한 건 없습니다. 우리는 각자의 자리에서 어제처럼 열심히 살았으니까요.

하고 싶은 일과 해야 하는 일 사이에는 마음의 풍족함과 경제적인 불만족이 늘 섞여 있었어요. 어느 정도의 경제적 안정과 마음의 결핍이 섞여 있기도 했지요. 밤새워 글을 쓰고 영상을 만들면서 미디어, 콘텐츠 크리에이터, 작가, 인플루언서 같은 사회적 직함을 얻었지만 월급도 퇴근도 없는 일상에 지치는 날이 없었다면 거짓일 겁니다. 친구도 마찬가지겠지요. 정기적인 월급과 안정적인 조직에 속해 있지만 그건 진짜 하고 싶은 일, 꿈, 자아 같은 단어들을 희생하고 얻은 대가일 겁니다. 과로와 스트레스를 견뎌가면서요.

어느 것이 정답이라고 할 수는 없을 겁니다. 직업이라는 건 그저 선택의 문제예요. 좋아하는 일로 생계를 유지하고 심지어 성공한다는 건 판타지에 가까울 만큼 어려운 일입니다. 꾸준한 회사생활로 일단의 성공을 쟁취하는 것도 무척 어렵지요. 일의 세계를 그 둘로 간단히 나눠버릴 수도 없습니다. 일이라는 단어의 결은 무한에 가까워요. 우주에 가까운 경우의 수가 존재합니다.

그러니 너무 진지해지지 마세요. 한 번의 선택이 평생을 좌우한다는 말에 속지 마세요. 지금 내가 하고 싶은 것과 세상이 원하는 것 사이에서 꾸준히 빈틈을 찾으세요. 내면에 집중하며 외부에 대한 관심을 잃지 마세요. 일은 그 첨예한 틈, 공들여 해낸 것을 돈으로 바꿀 수 있는 영역 어딘가에 매우 자유로운 모습으로 존재하고 있을 겁니다. 저는 조금 더 먼 곳에 깃발을 꽂아두려고 해요. 그래야 오래 달릴 수 있으니까. 인생은 길고 첫 직장이나 두 번째 직장, 20대에 선택한 직업이 평생을 결정하는 시대는 이미 끝났기 때문입니다.

누구나 각자의 시간을 살고 있습니다

얼마 전, 역시 아인슈타인이 옳았다는 이야기가 과학계를 휩쓸었습니다. 호주와 뉴질랜드 연구진이 '퀘이사'라는 이름의 초대질량 블랙홀에서 얻은 190개의 관측 데이터를 분석했는데, 빅뱅 후 10억 년이 흐른 우주에서 지금보다 시간이 5배나 느리게 흐르는 현상을 확인한 거예요. 이런 현상을 '시간 지연 time dilation'이라고 부릅니다. 상대성이론이 현실로 입증된 것이지요. 아인슈타인은 관찰자의 운동 상태나 중력의 크기에 따라 시간이 상대적으로 흐른다고 말했습니다. 운동 속도가 빠를수록, 중력이 클수록 시간이 느리게 흐른다는 뜻이에요.

크리스토퍼 놀란 감독의 영화 〈인터스텔라〉에도 비슷한 장면이 나옵니다. 지구보다 중력이 훨씬 큰 '밀러 행성'에서 몇 시간을 보내고 돌아와 우주선으로 귀환한 주인공들은 그사이 완전히 늙어버린 동료와 마주하게 돼요. 밀러 행성에서 보낸 몇 시간이 지구의 시간으로는 23년 이상이었던 겁니다. 애초에는 천재 과학자의 이론이었고 우리한테는 영화로 가장 익숙했던 상황이 이제 현실로 입증된 거예요.

일상에서도 이런 중력을 느낄 때가 있습니다. 일상의 중력은 바로 집중력이에요. 중력이 강한 행성에서 시간이 느리게 가는 것처럼, 지구의 일상에서는 집중력의 강도에 따라 시간의 상대성을 느끼곤 하거든요.

가장 가까운 예를 한 번 들어볼까요? 저는 지금 이 글을 쓰고 있습니다. 꽤 몰입한 상태로 몇 문단을 쓰고 있는데요, 내심 '30분 정도는 지나지 않았을까' 생각했어요. 시계를 보니 단 15분이 지나 있었습니다. 글을 쓰면서 전화 통화도 한 번 하고, 정확한 정보를 확인하기 위해 검색을 하느라 완벽한 집중 상태라고 보기는 어려웠는데도 말이지요. 아마 이런 경험 종종 있으실 거예요. 시간이 느리게 흐른다는 감각보다는, 같은 시간에 더 많은 일을 해낼 수 있다는 감각에 가까울지 모르겠습니다만… 그건 기준을 어디에 두느냐의 차이일 겁니다.

반대의 경우도 있습니다. 생산성이라고는 제로에 가까운 시간을 보내고 있을 때, 감각적으로는 10분 정도 지난 것 같은데 시계를 확인하니 30분이 훌쩍 지난 상황과도 자주 만나게 돼요. 주로 SNS의 숏폼 콘텐츠에 빠져 있을 때 벌어지는 상황입니다. 무한 스크롤 위에 펼쳐지는 불특정 다수의 수다에 빠져 있을 때도 그렇지요. 공룡 같은 소셜미디어 회사들의 치밀한 설계 때문입니다. 인간의 가장 취약한 면을 공략해 최대한 넋을 놓게 하고, 될 수 있으면 오래 플랫폼에 머물게 하려는 작전에 속수무책으로 말려든 거지요. 이건 생각보다 심각합니다. 생산성은 곧 돈이고, 그들이 우리의 집중력을 방해함으로써 사실상 우리의 돈을 가져가고 있다는 의미니까요. 《도둑맞은 집중력》의 작가 요한 하리는 이렇게 썼습니다.

> **소셜미디어는 우리가 화면을 계속 들여다보게 만들 정보를 보여준다. 그게 다다. 우리가 화면을 더 많이 들여다볼수록 그들이 버는 돈도 늘어난다는 사실을 기억하자.**

시간은 곧 돈입니다. 오래된 격언이지요. SNS에 빠져 있느라 흐릿해진 시간이 그들에게는 사업 밑천입니다. 심지어 드라마 〈이태원 클라쓰〉에도 진리가 담겨 있었네요. 이런 대사가 있습니다. "시간은 누구에게나 공평하게 흐른다. 하지만 그와

나의 시간은 그 농도가 너무나도 달랐다." 이 대사 속의 '그'와 '나'는 어쩌면 같은 사람일지도 모릅니다. 농도가 짙은 쪽은 완벽에 가까운 몰입으로 원고를 쓰는 나. 희미한 쪽은 숏폼 콘텐츠를 무한 시청하면서 가끔씩 혼자 웃기까지 하는 나.

시간은 우주, 카페, 내 방에서도 상대적으로 흐릅니다. 3일 같은 하루를 보내기도 하는 한편, 오늘 내가 과연 살아 있었나 싶은 하루도 만나게 되는 거예요. 전자와 같은 일상을 위한 다양한 팁이 넘쳐납니다. 앱스토어에서는 무수한 종류의 '투 두 리스트to-do list'를 다운받을 수 있지요. 각종 스케줄러와 마인드맵을 설치하고 나면 당장 최고의 생산성을 유지할 수 있는 사람이 된 것 같습니다.

하지만 앱을 다운받고 나면 거기에 익숙해지는 시간이 또 필요했습니다. 내 일상에 필요한 도구를 찾는지, 도구에 나를 맞춰가는지 헷갈렸어요. 대신 수첩과 펜을 가까이하기 시작했습니다. 아날로그로 돌아간 건데, 이 역시 단순한 문제가 아닙니다. 디지털과 아날로그의 대립구도에서 아날로그를 택한 게 아니었어요. 디지털의 흐름 속에서 역행을 결정한 것도 아니에요. 그저 손을 움직여 필기함으로써 머리에 새기는 효율이 어떤 생산성 앱보다 훌륭했다는 걸 경험으로 깨달았기 때문입니다.

진짜 집중이 잘 되는 시간을 찾아보려는 노력도 끈질기게 했습니다. 회사원일 때는 집중하기 좋은 시간이 주로 밤이라고 생각했어요. 밤 11시부터 새벽 2시 사이의 집중력이 최고라고 오랫동안 믿었습니다. 새벽 3시를 넘기면 이튿날 썩 깊은 피로를 감당해야 했고, 3시 반을 넘기면 좀 무리라고 판단해왔어요. 이 역시 경험으로 체득한 결과였습니다.

그러다 피로가 아주 심하게 쌓인 어느 날 밤 10시경에 잠들어 새벽 4시 반쯤 깼습니다. 그날 새벽이 이후의 모든 일상을 바꿨어요. 그날 새벽은 마치 퀘이사나 밀러 행성에서 일하는 것 같았습니다. 급한 원고를 마무리하고 시간을 보니 40분 정도가 흘러 있었어요. 이 정도의 일을 해냈다면 2시간쯤은 훌쩍 지났을 거라고 생각했는데 말이지요. 15분 정도 쉬고 나서 또 다른 일에 착수했습니다. 그날 새벽에만 몇 개의 투 두 리스트를 지웠는지 몰라요.

새벽의 진심을 경험하고 나니 하루가 여유로웠습니다. 다시 일찍 잠들 생각을 하니 숏폼 콘텐츠를 보면서 낭비할 시간도 없었지요. 필요한 저녁 루틴을 마무리하고 나니 10시경이 됐거든요. 시간이 내 편 같은 하루였어요. 드디어 시간과 조금 친해진 것 같았습니다.

누구에게나 각자의 시간표가 있을 거예요. 직장인에게는 직장인에게 최적화한 시간표가, 사업가나 프리랜서에게는 또 각자의 몸과 마음에 어울리는 시간표가 있을 겁니다. 매일 시간표대로 살 수는 없지만, 가장 이상적인 시간표 하나를 품고 지향하는 하루의 밀도는 분명히 다를 거예요. 시간은 상대적이고, 그 자체로 생산성이자 가능성이기 때문입니다.

내 안의 소심함을 극복하는 법

이 외로운 남자한테는 뭔가 문제가 있어 보입니다. 고객 상담 담당 직원과 하는 통화에서조차 하고 싶은 말을 다 하지 못해요. 프로필에 적어 넣을 적당한 경험도 없는, 정말이지 무미건조한 회사원의 전형 같습니다. 회사에서 온갖 굴욕적인 대우를 당할 때도 맞서지 못해요. 마음에 드는 회사 동료가 있는데도 시원하게 데이트 신청을 하지 못합니다. 대신 자기만의 상상 속으로 깊이 빠져듭니다. 상상 속에서, 그는 영웅입니다. 도시를 구하는 슈퍼히어로, 오지를 개척하는 탐험가, 사랑을 쟁취하는 멋진 남자지요. 영화 〈월터의 상상은 현실이 된다〉에서 주인공 월터 미티의 초반은 이렇게 소심한 남자였습니다.

월터 미티처럼 심각한 수준은 아니라도, 누구에게나 어느 정도는 소심함이 있을 거예요. 사람의 성격은 복잡다단합니다. 용맹한 사람의 성격에 용맹함만 있는 것은 아니고, 마냥 조심스러운 사람에게 화끈한 면이 없는 것도 아니지요. 상황과 결심에 따라 다양한 표정으로 드러나는 것이 사람의 성격이에요. 하지만 성격 자체가 장애물처럼 여겨지는 경우도 있습니다.

이런 소심함이 정말 문제라면, 그건 자신이 하고자 하는 일을 결정적으로 가로막는 누군가가 바로 자기 자신이기 때문일 겁니다. 기회가 있고, 스스로 움직이기만 하면 되는데도 어떤 심리적인 이유로 행동하지 않는 편을 택하는 거예요. 시간이 있지만 여행을 떠나지 않고, 새로운 곳에 갈 수 있지만 익숙한 곳에 머무르기를 택합니다. 더 많은 연봉과 배움이 기다리는 이직 기회 앞에서도 고민이 깊어져요. 모험도 좋지만 안주도 달콤하니까. 소심한 성격은 안전지향적이기 때문입니다.

인간으로서 원하지 않거나 바라지 않는 것을 원하도록 하는 감정을 소심이라고 한다. 그러므로 소심은 인간으로 하여금, 자기가 미래의 해악이라고 판단하는 것을 더 작은 해악으로 피하게 하는 한에 있어서의 공포일 뿐이다.

네덜란드 철학자 바뤼흐 스피노자는《에티카》에서 '소심'을 이렇게 정의했습니다. 좀 어렵지요? 일단 마지막 말, '공포일 뿐이다'에 집중해볼게요. 앞선 문장을 "소심함은 공포일 뿐이다"로 줄여보지요. 공포라는 단어가 너무 거대하게 느껴진다면 '두려움' 정도로 순화하는 것도 나쁘지 않겠습니다. 그럼 훨씬 일상적인 차원에서 생각할 수 있게 되거든요. 소심한 마음이 어떤 행동을 막아선다면, 그건 그 행동의 결과가 두렵기 때문일 겁니다. 혹은 그 행동 자체가 두려움의 대상이기 때문일 거예요.

"우성아, 수업 중에 화장실에 가고 싶을 땐 손을 들고 '화장실에 다녀와도 될까요?' 하고 물어보면 된단다."

"다른 사람들 앞에서 말할 땐 씩씩한 목소리로 분명하게 말해야 해. 어려우면 연습을 하는 게 도움이 된단다."

유난히 조용하고 소심한 성격이던 제게 어머니는 매우 구체적인 해결책을 가르쳐주셨습니다. 어려워하지 않아도 된다, 그렇게 행동해도 괜찮다는 용기를 심어주기 위한 지침이었어요. 평소 제 걸음걸이를 보시면서 "어깨를 똑바로 펴고 시원하게 걷는 게 좋다"는 말씀도 자주 하셨습니다. 덕분에 저는 궁금한 게 있으면 물어보는 사람, 대중 앞에서 마이크를 잡아도 떨지 않는 사람, 키는 작지만 당당하게 걷는 어른이 되었지요. 기자가 되었고, 작가가 되었고, 영상을 통해 소통하는 사람이 되었습니다.

쉽지는 않았어요. 행동 하나하나가 두려웠습니다. 교실에서 화장실에 가고 싶다고 말할 땐 화장실에 가는 행위 자체가 부끄러웠습니다. 튀고 싶지 않았던 거지요. 질문은 웬만해선 하지 않았습니다. 제 궁금함을 해결하기 위해 친구들의 시간을 빼앗기 싫었거든요. 그래서 오랜 시간 참았습니다. 쉬는 시간까지는 20분이나 남았지만 어떻게든 참고, 궁금한 게 있을 땐 하교 후에 혼자서 찾아보는 학생이었어요.

모든 소심함은 '미래의 해악'의 공포를 감당하지 못해 '더 작은 해악'으로 피하고 싶어서 발생하는 사달이다. 소심한 이들이 직장 상사에게, 염치없는 인간들에게 하고 싶은 말을 못하는 이유가 무엇인가? 하고 싶은 말을 다 했다가는 '미래의 해악'이 다가올 것 같아서다. 그 공포를 감당하지 못해, 늘 '더 작은 해악'(침묵, 억울함, 답답함)으로 도망치는 것이다. 그렇게 그들은 자신이 원하는 것들을 원하지 않게 되고, 원치 않는 것을 원하게 된다. 이 얼마나 소심한가.

《스피노자의 생활철학》을 쓴 황진규는 '소심'에 대한 스피노자의 정의에 대해 그의 블로그에서 이렇게 해설합니다. 아주 사소한 것 같은 소심함의 바닥, 그 근본적인 마음 깊은 곳에는 공포가 자리 잡고 있었던 거예요. 어린 시절의 저도 어렴풋이 짐작하고 있었을 겁니다. 소심한 마음이 내가 진짜로 원하는 것을 이루지 못하게 만드는 장애물이라는 것을 깨달은 후부터, 매우 개인적인 도전을 시작했거든요.

거창한 건 없어요. 그저 조금씩 행동하기 시작했습니다. 손을 들고, 질문을 하고, 원하는 것을 자연스럽게 표현하는 연습을 했어요. 다른 사람의 시선을 지나치게 의식하는 대신 내 마음이 원하는 게 뭔지 들여다보는 시간을 순간순간 가지려고 했습니다. 그래도 남아 있는 소심함이 행동을 가로막고 나설 땐 몸과 마음을 분리하려고 했어요. 그런 채 행동의 가능과 불가능만을 생각했습니다. 소심해지려는 마음을 배제하고 건조하게 생각했어요. 할 수 있다면, 그냥 하는 것이었습니다. 그렇게 하루하루 작은 경험들이 쌓여 지금의 저를 만나게 됐어요.

알고 있습니다. 지금도 다르지 않아요. 여전히 소심합니다. 다른 사람의 시선을 의식해요. 흔히 '대세'라고 부르는 흐름에서 벗어나도 괜찮은지 끊임없이 의심하고 고민합니다. 사람은 정말이지 복잡다단하고 어떤 성취는 끝이 없는 것 같아요. 누군가의 인생에 포기를 모르는 도전자가 있다면, 그건 남이 아니라 자신의 마음이 아닐까 생각합니다. 결국 나 자신과 영원히 싸워야 하는 게 아닌가. 그렇게 작은 승리를 쌓아간다면 언젠가, 나는 조금 더 나은 사람이 될 수 있을까.

"세상을 보고, 무수한 장애물을 넘어 벽을 허물고 더 가까이 다가가 서로 알아가고 느끼는 것. 그것이 바로 인생의 목적이다."

영화에서 월터 미티가 회사에서 만들던 매거진 〈LIFE〉는 이런 모토를 가진 회사였습니다. 내내 소심하던 월터 미티는 진짜 모험을 통해 어떤 정수를 깨닫게 되지요. 속으로만 좋아하던 동료와도 멋진 관계로 발전해요. 영화는 끝났지만 인생은 계속되고 모험은 끝나지 않는다는 뜻입니다. 객석의 우리도 다르지 않아요. 우리의 인생에선 우리가 주인공이잖아요. 그러니 내 안의 작은 공포와는 시시각각 맞서야 합니다. 순간순간 행동하기를 선택할 뿐입니다.

4장

세상은 냉소주의자의 방식으로 돌아가지 않습니다

이거 하나는 꼭 기억하세요.
세상은 도전하는 사람, 만드는 사람,
그걸 공개하는 사람을 위해 열린 무대입니다.
다행히, 세상은 냉소주의자의 방식으로
돌아가지 않거든요.

냉소도 냉소적인 태도도 멀리하세요

불특정 다수의 인생이 지금처럼 나와 가까운 시대가 없었습니다. 소셜미디어에는 나보다 잘나가고 멋있는 사람투성이예요. 스크롤을 내릴 때마다 마음의 여행을 시작합니다. 판단과 평가, 부러움과 질투, 놀라움과 시기를 거쳐 나만의 일상으로 돌아오면 자주 초라해지지요. 당연합니다. 세상엔 정말이지 다양한 사람이 있으니까요. 그렇다고 이 초라함과 자격지심을 무시할 수 있을까요. 타인의 삶을 여행한 대가, 일종의 여독이자 비용이라고 이해할 수 있나요?

어쩔 수 없이 초라해지긴 했지만 여전히 긍정적일 수는 있어요. 누군가의 멋진 몸을 봤다면 휴대전화를 끄고 조깅이나 산책을 선택하기도 합니다. 누군가 쓴 좋은 문장을 봤다면 오늘의 일기 한 편으로 자기만의 문장을 만날 수도 있겠지요. 멋진 요가 자세를 맘껏 해내는 누군가의 사진을 보고 나면 저도 어쩐지 수련하고 싶어져요.

하지만 마음이 매번 그렇게 착하지 않아요. 저 깊은 곳에서 자꾸만 냉소가 올라옵니다. 냉소하는 마음의 온도는 차갑지요. 웃음에도 거리감과 비하, 어쩌면 조롱이 섞여 있을 거예요. 긍정적인 마음이 찾아낸 장점들도 냉소를 만나면 다 사라집니다. 지금부터는 단점만 보일 거예요. 닮고 싶은 몸의 소유자에게서 군살을 찾아내고, 누군가의 멋진 문장에서 오타를 찾습니다. 역시 형편없다고 생각하면서 씨익, 웃으면서 돌아눕는 거지요.

고영복은 냉소주의를 '현실에 적극적으로 참여하여 자기가 만족스럽지 못한 부분을 비판하고 개선시켜 나가기 위하여 노력하지 않고, 멀리서 팔짱을 끼고 지켜보며 이것저것 불평불만을 늘어놓는 태도'라고 정의했다.

강준만 전북대 신문방송학과 명예교수는 《한국인 코드》에서 냉소주의의 정의에 대해 이렇게 인용했습니다. 냉소주의의 정의는 시대와 주체에 따라 꾸준히 변해왔어요. 그중 가장 동시대적이면서도 쉬운 정의였습니다. 주변 인물 중에 어쩐지 이런 태도를 취하는 사람이 있으면 '아, 이 사람은 냉소적이구나' 생각하셔도 될 거예요.

냉소주의의 시작은 고대 그리스의 한 학파까지 거슬러 올라갑니다. 견유주의犬儒主義(개의 삶을 이상적이라고 생각하는 태도)라고 부르기도 했지요. 무려 소크라테스의 가장 중요한 제자 중 한 명, 안티스테네스에게서 시작한 철학입니다. '견유'는 말 그대로 '개 같은'이라는 뜻이에요. 개처럼 자연스럽게, 본성에 따라, 지금 이 순간에 만족하는 삶을 살자고 주장하는 학파예요. 견유주의 학파의 스타는 안티스테네스의 제자 디오게네스입니다. 평소 그를 존경하던 알렉산드로스 대왕과 처음 만났을 때 나눈 대화가 무척 흥미로워요.

"짐은 알렉산드로스 대왕이요."

"나는 디오게네스 개요."

"당신은 내가 무섭지 않소?"

"당신은 좋은 것이오, 나쁜 것이오?"

"좋은 것이지."

"누가 좋은 것을 무서워하겠소?"

"무엇이든 바라는 것 한 가지를 말하시오."

"나는 아무것도 필요 없소. 다만 햇빛을 가리지 말고 비켜주시오. 당신은 지금 내 태양을 가로막고 있소."

이어 알렉산드로스 대왕이 "나도 당신같이 살고 싶다" 말하자 디오게네스가 옆에 와서 누우라고 권합니다. 미래를 잊고 과거를 떨쳐버리라고 하지요. 알렉산드로스 대왕은 웃으면서 거부합니다. "당신의 말이 옳지만 아직 때가 되지 않았다"고 말해요. 이런 대화가 이어집니다.

"내가 승리자가 되었을 때, 내가 온 세계를 정복했을 때, 그때 내가 다시 와서 그대에게 배우겠다. 그리고 이 강둑에, 그대 곁에 앉을 것이다."

"여기 누워 즉시 편안해질 수 있는데 왜 미래를 기다리는가? 왜 그대 자신과 타인을 불행하게 하면서 온 세계를 돌아다니는가? 왜 그대의 삶이 끝난 후에 편안해질 때까지 기다리는가? 나는 이미 편안하다."

저 깊은 곳에 있는 묵직한 재치가 느껴지세요? 세상을 등 뒤에 둠으로써 제 갈 길을 가며 어떤 정수를 통해 효과적으로 조롱한다는 점에서는 뛰어난 코미디 같기도 해요. 언뜻 노장사상이 엿보이기도 하고, 요즘 유행하는 미니멀리즘에 닿아 있는 것 같기도 합니다. 모든 문명의 이기를 끊고 월든 호숫가 숲

속으로 들어가 원시적인 라이프스타일을 자처한 헨리 데이비드 소로가 생각나기도 하지요.

디오게네스를 초대한 부잣집 주인이 "집이 더러워질 수 있으니 침을 뱉지 말아달라"고 하자 주인의 얼굴에 침을 뱉고는 "이보다 더러운 곳을 찾지 못해서"라고 말하거나, 대낮에 초롱불을 들고 저잣거리를 돌면서 "정직한 사람을 찾고 있다"고 말한 일화도 유명합니다. 곧 위와 아래가 뒤바뀔 것이니, 자신을 묻을 때는 얼굴을 아래로 향하게 묻어달라고도 했지요.

디오게네스야말로 냉소시니시즘, Cynicism의 아버지로 불립니다. 시니시즘이라는 말 자체가 견유주의라는 뜻이에요. 라틴어 어원은 키니코스cynicos, '개와 같은'이라는 뜻입니다. 플라톤은 디오게네스를 두고 '미친 소크라테스'라고 했습니다. 하나의 학파로서, 고대의 냉소주의는 이런 기둥을 갖고 있었습니다.

요즘의 냉소주의는 세상을 등지지 않습니다. 그럴 용기도 철학도 없어요. 대신 세상의 모퉁이에서 팔짱을 끼고 있지요. 자기만의 철학으로 세상을 조롱하며 메시지를 던지지도 않습니다. 그럴 실력이 없어요. 불평불만을 늘어놓을 뿐이에요. 그게 바로 고영복 선생이 말하는 냉소주의의 동시대적 정의예요.

이런 식의 냉소에는 강한 중독성이 있습니다. 개인이 어떤 목표를 성취하기 위해 열심히 노력해도 그저 우습게 여길 뿐입니다. 공들여 내놓은 결과물을 두고는 '구리다'거나 '별로'라는 말로 일축합니다. 그 한 마디로 결과물을 내놓은 그 사람보다 자신이 나은 사람이라는 심리적 우위를 느끼는 거예요. 팔짱을 끼고 있는 내가 결과물을 내놓은 그를 평가했기 때문이지요. 그게 자신의 실력이라는 착각에 잠식된 거예요. 평가는 누구나 할 수 있고 진짜 대단한 건 계속해서 결과물을 내놓으며 발전하는 사람이라는 사실을 모르는 건 오로지 냉소주의자뿐이지요.

"한 가지만 부탁하겠습니다. 특히 젊은 분들에게 부탁해요. 제발 냉소적으로 행동하지 마세요. 저는 냉소주의를 싫어합니다. 제가 가장 싫어하는 기질이고, 아무짝에도 쓸모가 없어요. 인생에서 자기가 원하는 것을 모두 얻는 사람은 없습니다. 하지만 당신이 정말 열심히 일하고 친절하게 행동한다면 놀라운 일이 일어날 거예요. 진짜예요. 놀라운 일이 벌어져요. 이건 사실입니다."

세계적인 코미디언, 코난 오브라이언은 자신이 진행하던 NBC 〈투나잇 쇼〉의 마지막 방송에서 이렇게 말했습니다. 석연치 않은 이유로 약 20년을 일한 방송국을 떠나는 순간이었어요. 누군가를 비난할 수도 있었고, 자기 비하에 빠질 수도 있었습니다. 코미디언의 방식으로 분노를 표출할 수도 있었지요. 하지만 어떤 냉소나 조롱도 없이 100퍼센트 진심으로 고마움과 다정함의 메시지를 남겼습니다.

아마 이 글을 읽고 있는 당신의 마음속에도 두 가지 마음이 충돌하고 있을지 모르겠어요. 그렇다면 '나도 한번 해보자'며 자세를 고쳐 앉는 사람과 '웃기고 있다'며 다시금 냉소하는 사람. 어쩔 수 없겠지요. 당신의 선택일 뿐입니다만 이거 하나는 꼭 기억하세요. 세상은 도전하는 사람, 만드는 사람, 그걸 공개하는 사람을 위해 열린 무대입니다. 열심히 하는 사람에게는 반드시 성취할 기회가 열릴 거라고 앞선 위인들이 증언합니다. 다행히, 세상은 냉소주의자의 방식으로 돌아가지 않거든요.

못하는 일을 못한다고 하는 것도 용기입니다

저는 '정우성의 더파크'라는 유튜브 채널을 운영하고 있습니다. 아직 동료는 한 명뿐이지만, '더파크 크리에이터스'라는 법인의 대표이기도 하지요. 지금은 자동차 리뷰를 주로 하는 채널입니다만, 앞으로는 라이프스타일 콘텐츠 플랫폼으로 진화를 계획하고 있습니다. 쉽지 않아요.

자동차 업계에서 이름을 걸고 영상을 만들고 글을 쓴 지도 10년이 훌쩍 넘었습니다. 이제는 자동차를 빼놓고 제 커리어를 설명하는 일이 불가능해졌어요. 〈EBS 비즈니스 리뷰〉 같은 방송에 출연한 것도, 자동차 회사의 공식 유튜브에서 MC를 맡은 것도 다 자동차 에디터 경력 덕이었습니다. 하지만 저를 '자동차 전문기자'라고 부르지는 않습니다. 자동차가 제 모든 경력을 설명해주지는 않아요. 만약 그랬다면 민음사 TV에서 〈월간 책 추천〉이라는 프로그램을 진행하거나 SBS 러브 FM 〈김선재의 책하고 놀자〉에서 '정우성의 종이잡지 전성시대'라는 고정 코너를 맡지도 않았을 겁니다. 돌이켜보니 정말 걷잡을 수 없는 커리어를 갖고 있는 사람이 되었네요. 그래서 저는 한 우물만 파야 한다는 말을 곧이곧대로 믿지 않습니다.

매거진 에디터로 커리어를 시작할 당시의 저에게 자동차는 그저 탈 것에 불과했습니다. 열심히 일하고 많이 벌어서 맘에 드는 차를 갖는 게 목표였던 시절이지요. 하지만 인생은 절대 계획대로 흘러가지 않습니다. 어느 날 같은 팀에서 자동차를 담당하던 선배가 사표를 썼어요. 편집장이 저를 불러 자동차를 '잠시만' 맡아달라고 부탁했습니다. 남성잡지에서 자동차는 중요하니까, 새 에디터를 뽑을 때까지만 담당하기로 하고 시작한 일이었어요.

그렇게 한 달에 5~6대의 자동차를 시승하게 되었습니다. 전혀 모르는 분야에 대해 매체의 이름에 어울리는 수준으로 화보를 찍고 기사를 쓰자니 극심한 스트레스에 시달렸어요. 아직도 생생합니다. 어떤 꼭지의 원고는 여섯 번이나 처음부터 다시 써야 했지요. 프로의 세계에 초보는 존재하지 않으니까요. 어떻게든 수준에 맞는 글과 사진을 만들어내야 했습니다.

결국 스무 명에 가까운 자동차 기자들이 저희 팀의 면접을 스쳐갔습니다. 그중 한 명도 같은 팀이 되지 못했지요. 저는 간헐적으로 염증성 원형탈모에 시달렸습니다. 마감이 한창인 새벽 3시 즈음 멀쩡하던 정수리 언저리가 이튿날 아침 출근하면 콩알 하나 크기 정도로 휑하니 비어 있는 적도 있었습니다. 저는 그때부터 삭발을 고집했으니, 자리에 앉아 있는 제 정수리를 잠깐이라도 본 사람이라면 원형탈모의 흔적을 명확하게 볼 수 있었어요. "어, 선배 머리카락 없어졌다!"며 안타까워하던 후배 에디터의 목소리가 아직도 선합니다.

어려운 일을 해내야 하는 스트레스만이 원인은 아니었습니다. 원치 않는 일을 도맡아 하는 동안 오랫동안 꿈꿔오던 일을 욕심껏 할 수 없다는 데서 오는 욕구불만이 점점 커졌어요. 억울했습니다. 자동차가 내 시간을 갉아먹는 것 같았어요. 건널목에서 신호를 기다리는 중, 을지병원 사거리에 그 수많은 자동차가 복잡하게 달리는 걸 보고 있으면 울화가 치밀었습니다. 네 바퀴로 달리는 탈 것들이 꼴도 보기 싫었어요. 책을 읽고 사람을 취재하고 싶었습니다. 인터뷰를 하고 기사를 쓰고 싶었어요. 한국 사회에 대해 날카로운 칼럼을 쓰고 싶기도 했습니다.

실은 소설가가 되고 싶어 습작을 하던 시기였습니다. 제 책을 갖고 싶었어요. 어엿한 작가가 되고 싶었습니다. 하지만 자동차가 방해하고 있었지요. 자동차를 다루는 뇌와 문장을 다루는 뇌는 각기 다른 영역 같았어요. 넘나들 때마다 버퍼링이 걸렸습니다.

"우성아, 하기 싫은 일은 못 하겠다고 이야기하는 것도 실력이야."

당시에는 패션팀장, 지금은 〈GQ〉의 편집장인 선배는 막 퇴근하려는 저에게 갑자기 이런 조언을 했습니다. 생생한 장면이에요. 제 책상에서 짐을 챙겨 파티션 밖으로 나가려는 찰나, 저를 가만 보고 있던 선배가 나지막이 부르는 소리를 들었습니다. "우성아, 이리 잠깐 와봐." 부드럽지만 강한 목소리. 평소에는 미처 대화를 나눌 기회도 없던 부장님의 목소리에 살짝 긴장한 채 자리로 향했습니다.

지금 생각해도 맞는 말이에요. 내 일이 아닌 일, 내 계획에서 벗어나는 일, 고용 당시의 약속에서 벗어나는 일을 갑자기 맡게 됐을 땐 그걸 거부할 줄도 알아야 해요. 제 책임이 아니기 때문입니다. 나간 자리를 채우는 일은 매니저의 몫입니다. 그 사이의 공백을 메워내는 것도 매니저의 책임이지요. 언제까지나 대타를 고용할 수는 없는 일입니다.

회사와 나는 상호보완적인 관계입니다. 내가 회사를 위해 일하는 것은 궁극적으로 일이 나를 이롭게 하기 때문이에요. 내 꿈을 이루고, 단기 목표를 달성하고, 성취감을 느끼며 내가 이 사회의 어디쯤에서 어떤 역할을 하는지 또렷한 좌표를 가늠할 수 있기 때문입니다. 돈을 벌어 생활을 영위하고, 이 다음 단계의 인생을 계획할 수 있는 중요한 발판이 됩니다. 당시의 저는 그게 희미했어요. 해야 하는 일이니까 열심히 했습니다. 저는 그때 왜 거절하지 않았을까요. 인정받고 싶어서? 모범생 기질 때문에?

이후로도 수년 동안 자동차 담당 에디터였습니다. 그렇게 괴로워하던 일도 손에 익는다는 걸 그 과정에서 깨닫게 됐어요. 알게 되고 익숙해지자 자동차를 다룰 줄 안다는 사실 자체가 무기가 되었습니다. 편집부에 자동차 업계 전체를 상대하는 에디터는 저뿐이었지요. 그로부터 참 많은 기회가 생겼습니다.

각종 협업을 통해 회사 살림에 도움이 됐습니다. 제가 벌어 온 돈은 인사 평가에 그대로 반영됐지요. 더 많은 연봉을 요구할 수 있는 지렛대가 되기도 했습니다. 외국 출장 기회도 많아졌어요. 잦을 땐 1년에 여덟 번 넘게 외국 출장을 떠나기도 했습니다. 내로라하는 럭셔리 브랜드의 출장 기간 동안에는 일상을 완벽히 벗어난 경험을 할 수 있었습니다. 그 모든 경험이 저만의 관점과 시야를 정립할 수 있는 발판으로 작용했지요. 그때 보고 들은 것들, 이후에 공부한 것들에 지금의 생각을 더해 컨설팅 작업을 할 때도 있어요.

무엇보다 지금의 저 자신과 회사를 유지하고 확장하는 데 가장 중요한 역할을 하는 것도 바로 자동차입니다. 아주 다른 일을 하다가 자동차를 다루기 시작했기 때문에, 어느 누구와도 다른 관점으로 자동차를 해석할 수 있어요. 다른 모든 채널과 더파크가 구분되는 지점입니다. 다르니까 버틸 수 있지요. 새로운 가능성을 타진할 수 있습니다. 그동안 저는 두 권의 책을 썼습니다. 요가 지도자 자격증도 땄고요. 지금도 이 책을 쓰고 있습니다. 글을 쓰고 영상을 만들며 독자와 만나고 회사를 성장시킵니다.

버틸 수 없었다면 포기했을 거예요. 하지만 싫어하는 분야를 좋아하는 관점으로 풀어내고 싶었습니다. 아직 멀었지만 조금은 해낸 것 같아요. 요즘은 몇 번의 원형탈모와 숱한 스트레스가 마냥 헛되지는 않았구나, 혼자 생각하면서 웃기도 합니다. 여전히 아주 다른 분야의 일을 동시에 하고 있어요. 좌뇌와 우뇌를 넘나들며 버퍼링을 느낍니다. 스트레스가 없다면 거짓말일 테지만 그 모든 게 나만의 세계를 구축하기 위한 과정이라는 사실, 그것 이상 강력한 무기가 없다는 건 정확히 알게 됐습니다. 못하겠는 일을 못하겠다 말하는 것도 멋진 실력이지만, 못하던 일을 무기로 삼을 만큼 해내는 것도 또렷한 실력이니까요.

정리와 루틴은 중요합니다

2022년, 수학계의 노벨상이라 불리는 '필즈상'을 수상한 허준이 미국 프리스턴 대학교 교수의 인터뷰 기사를 읽다가 큰 충격을 받았습니다. 허준이 교수의 연구실을 묘사한 글 때문입니다.

> 기자가 방문한 미국 프린스턴의 연구실 책상엔 노트 뭉텅이, 샤프 펜슬, 1L 우유팩만 한 모래시계가 전부였다. 바닥엔 요가매트만 덩그러니 놓여 있었다. 연구실이 단출한 이유를 묻자 그는 '다른 자극을 피하고 연구에만 몰두하기 위해서'라고 말했다.

영화 속 천재들은 어쩐지 조금은 너저분하고 복잡한 분위기의 연구실에서 일한 것 같았습니다. 한 분야에 몰두하다 보면 다른 것들에는 소홀할 수 있으니까요. 구겨진 종이뭉치, 가득 찬 쓰레기통, 목적을 알 수 없는 기계 위에 쌓인 먼지 같은 것들이 일종의 고정관념으로 자리 잡고 있었어요. 허준이 교수의 연구실은 극단적인 미니멀리즘이었습니다. 꼭 필요한 일에만 매진할 수 있도록 스스로 디자인한 공간이었지요. 허준이 교수는 말했습니다.

"저는 자극적인 것에 약한 사람이에요. 잘 중독되죠. 그래서 일상을 깨뜨릴 수 있는 자극은 거의 피합니다."

그는 새벽 3시에 일어납니다. 새벽에는 명상이나 조깅을 한다고 해요. 9시 출근 후 오전은 연구 시간입니다. 점심식사 메뉴는 매일 같습니다. '샤와르마'라는 중동 음식이에요. 오후 5시에 퇴근해 9시에 잠듭니다. 연구실에 있는 요가매트는 종종 누워서 생각할 때 씁니다. 모래시계는 15분짜리예요. 허준이 교수가 스스로 생각하는 집중력의 최대 지속시간이 15분이거든요. 깊은 생각이 필요할 땐 15분 후 잠시 휴식하고 다시 모래시계를 뒤집는다고 합니다.

의자에 엉덩이를 붙이고 책상, 컴퓨터, 종이, 연필과 싸우는 사람이라면 누구나 공감할 겁니다. 창의적인 일상과 효율적인 결정을 위해 필요한 건 오로지 시간과 집중력이라는 사실을 머리로는 알고 있어요. 허준이 교수의 인터뷰는 창의적 성취를 향해 끝없이 방황하는 지구인들을 위해 그린 명쾌한 지도 같았습니다.

하지만 보통 사람이 이렇게까지 비어 있는 공간을 만드는 게 쉬운 일은 아닐 겁니다. 허준이 교수의 공간은 어디까지나 그의 개인 연구실이에요. 우리에게 주어진 공간은 책상 하나라도 충분할 겁니다. 서재나 사무실에 있는 책상 하나에서 거의 모든 꿈과 성취가 이뤄지니까요. 집중력을 위해서는 그 작은 공간부터 담백하게 다듬는 게 좋겠습니다. 가능하면 책상 위의 물건들이 하나의 목적을 향할 수 있도록 배치하는 게 좋겠지요. 그래야 깔끔하게 시작할 수 있습니다. 조금 더 효율적인 시간을 보낼 수 있어요.

다음은 루틴입니다. 책상 위에 늘어져 있는 물건들이 주의력을 시시각각 훔쳐가는 것과 마찬가지로, 예측 불가능한 일상에서 한 가지 목표에 집중하는 건 거의 불가능에 가깝습니다. 에세이 한 편을 쓰는 동안 울리는 휴대전화 알림에 모조리 신경 쓰다 보면 소요되는 시간이 몇 배로 늘어납니다. 자꾸만 반짝거리는 메시지 알림, 지구 어딘가에서 벌어진 사건, 받지 않을 수 없는 가족의 전화도 마찬가지예요. 정말 많은 철학자와 작가, 성공한 CEO들이 새벽 시간을 하루 루틴의 시작으로 삼는 데에는 다 이유가 있습니다. 미국 조지타운 대학교 컴퓨터공학과 교수이자 《딥 워크》, 《디지털 미니멀리즘》을 쓴 칼 뉴포트는 《루틴의 힘》에서 이렇게 씁니다.

> 매일매일 1시간이든 2시간이든 방해받지 않고 작업에 몰입할 수 있는 '집중 시간대'를 설정하고 이 시간 동안에는 절대로 딴짓을 하지 않도록 주의를 기울이는 것이 중요합니다. 이 과정을 반복하여 루틴으로 확립하면 날이 갈수록 몰입도가 커지고, 집중 시간도 수월하게 늘려나갈 수 있습니다.

허준이 교수가 새벽 3시에 일어나는 이유, 이제 좀 이해가 되시지요? 허준이 교수만의 비결도 아닙니다. 작곡가 구스타프 말러는 1901년, 여름 별장에 머물며 작곡에 매진했어요. 매일 새벽 6시에 일어나 작은 오두막에서 작곡에 매진했다고 합니다. 정오 무렵에는 수영을 즐기기도 하고, 오후에는 숲속을 산책했어요. 어니스트 헤밍웨이는 매일 새벽 6시에 일을 시작했습니다. 정오까지 쓰거나 그 전에 끝냈다고 해요. 마야 안젤루도 새벽 5시 반에 일어나 커피를 마시고 7시부터 7시간 동안 글을 쓰는 집중 루틴이 있다고 합니다.

사람들이 일반적으로 활동을 시작하는 시간에는 당연히 다양한 연락이 오게 마련입니다. 소셜미디어 업로드도 활발해지지요. 새로운 뉴스도 끊이지 않아요. 이런 환경에서 집중력을 이어가는 건 누구라도 어려운 일입니다. 그렇다면 선택은 둘 중 하나예요. 늦은 밤이나 이른 새벽입니다.

매거진을 만들던 시기의 저는 무조건 밤을 선택하는 사람이었습니다. 그 역시 오랜 습관이었어요. 공부량을 늘려야 하는 중학생 시절부터 새벽 1~2시에 자는 습관이 들어 있었거든요. 게다가 잠은 5시간만 자면 충분하다고 생각하는 사람이었습니다. 마감이 닥쳤을 땐 새벽 3시 반까지 일하고 4시에 잠들어 9시나 9시 반에 일어나곤 했습니다. 그렇게 100권에 가까운 잡지를 만들었지만 슬슬 몸에 무리가 오기 시작했습니다.

독립 이후에는 새로운 루틴이 필요했어요. 일과 사업은 월간지 마감과 달랐습니다. 무리해서 끝내고 푹 쉴 수 있는 성격의 일이 아니었어요. 도전하고 시도하면서 수정하고 성취하는 일을 쉼 없이 반복해야 했지요. 단거리 달리기는 끝난 것이었습니다. 이제 마라톤을 뛰어야 했어요. 그래서 다양한 취침시간과 기상시간, 집중 업무시간을 테스트했어요.

결과는 놀라웠습니다. 지금까지 제가 말씀드린 위대한 인물들이 지켜온 루틴과 다르지 않았어요. 밤 10시에 잠들어 새벽 4시에서 4시 반 사이에 일어나 오전 8시까지 집중하는 그 4시간 남짓의 시간이 가장 달콤했습니다. 밤 10시부터 새벽 3시까지 끙끙대던 원고는 새벽 1시간 만에 마침표를 찍었어요. 다른 분야의 일도 마찬가지였습니다. 명료한 판단으로 결정을 내릴 수 있었지요.

"우리가 반복적으로 행하는 것이 우리 자신이다. 그렇다면 탁월함은 행동이 아닌 습관인 것이다."

그리스 철학자 아리스토텔레스는 이렇게 말했습니다. 심지어 "습관은 제2의 천성"이라는 말도 했지요. 어쩐지 부정적으로 타고난 천성이 있더라도 좋은 습관으로 극복할 수 있다는 뜻입니다. 루틴이 습관이 되고, 그대로 태도가 되면 타고난 성격을 극복할 수 있는 만큼의 힘이 생긴다는 말이기도 해요.

저는 가까스로 찾은 그 바람직한 루틴을 아직 습관으로 만들지는 못했습니다. 밤의 유혹이 너무나 강렬해서 자주 흔들려요. 소셜미디어와 유튜브에 자주 패배합니다. 예전처럼 새벽까지 버티는 날이 현저히 줄었다는 게 다행이라면 다행일까요. 일단은 잠을 선택하는 편입니다. 그래야 조금이라도 일찍 일어날 수 있거든요. 일상을 정돈하고 원하는 일을 해내기 위한 한 걸음. 가장 자연스러운 루틴을 제 몸에 새겨가려는 매일의 시도입니다.

P의 일하기와
J의 일하기

이상하게 삐걱대는 느낌 속에서 허우적대고 있었습니다. 해야 하는 일은 산더미 같은데 되는 일은 없었어요. 해도 해도 진척은 없고 내내 제자리였습니다. 창업과 동시에 함정에 빠졌어요. 해도 해도 끝나지 않는 달리기. 치워도 치워도 줄어들지 않는 쓰레기. 내내 지저분한 방에 갇힌 듯한 기분이었습니다. MBTI로 설명해볼까요? 저는 매우 강력한 P의 성향을 가진 사람입니다. 하지만 창업은 정말이지 제대로 된 J의 성향이 필요한 일이에요.

P는 Perceiving, 인식형의 약자입니다. 정보 자체에 관심이 많고 새로운 변화에 적응을 잘하는 성향으로 알려져 있어요.

빠르게 결정하거나 판단하지 않습니다. 즉흥적인 편, 융통성이 있는 편, 일을 해내는 중에 계속해서 결정을 수정하고 적응하는 편이라고 할 수 있지요. 목표는 분명하지만 수단은 정해두지 않습니다. 모로 가도 서울만 가면 된다고 생각하는 편. 바로 저 같은 사람이지요.

J는 Judging, 판단형의 약자입니다. 빠르게 판단하고 결정해요. 그러기 위해 단단한 계획이 필요합니다. 큰 계획을 이루기 위한 세부 계획도 필요하지요. 세부 계획이 틀어졌을 경우를 대비해 다양한 플랜 B를 미리 마련해둡니다. 예측할 수 없는 상황은 싫어해요. 정확히 통제할 수 있어야 합니다. 준비하는 데 오랜 시간을 들이고 쉽게 번복하지 않습니다. 분명한 목표를 달성하기 위해서는 분명한 과정이 필요하거든요. 서울에 가기 위해서 반드시 거쳐야 하는 가장 효율적인 도시들을 알고 있습니다. 제 아내 같은 사람이에요. 어느 날, 되는 일이 없는 것 같아 매우 지쳐 있던 제게 아내가 말했습니다.

"먼저 리스트를 적어봐. 하나하나 지워가면서 일을 해야 일을 놓치지 않을 수 있어. 작은 일들 자꾸 잊어버리는 것도 리스트를 적으면 나아질 거야. 1. 리스트를 적는다. 2. 쉬운 일부터 쳐내듯 일한다. 오케이?"

창업 이전에는 단 한 번도 느끼지 못한 문제였습니다. 제 강력한 P의 성향이 지금까지 해온 모든 직업에는 효율적이었어요. 현장에서는 무슨 일이든 벌어지기 때문입니다. 가수 A를 섭외하는 데 실패하면 배우 B를 섭외해야 합니다. 가수 B가 현장에서 어떤 착장을 거부하면 스타일리스트와 다른 착장을 논의해야 하지요. 이 질문에 대한 대답을 피하면 다른 질문을 해야 합니다. 목표는 기사를 완성하는 거예요. 잡지를 만드는 일이지요. 어떤 식으로든 매거진의 기준에 맞는 일을 해내면 되는 것입니다. 유연하고 빠르게 판단해 수정해야 합니다.

창업과 사업에는 끝이 없었습니다. 시드 투자를 받았으니 다음 투자를 목표로 달려야 할까요? 상품이나 서비스가 분명한 회사라면 가능한 접근입니다. 그 목표를 두고 달릴 수 있겠지요. 미디어 콘텐츠 회사를 지향하면 이야기가 좀 달라집니다. 일단 만들어야 해요. 오늘 만드는 콘텐츠에서 바로 매출이 생길 리 없습니다. 갑자기 고객이 생기지도 않아요. 산을 옮기는 마음으로 그저 쌓아야 합니다. 그래야 미디어가 될 수 있어요. 쌓으면서 진화하고 변화하며 우리만의 색을 만들어가야 합니다.

썩 거창하게 들리지만 그저 오리무중이었다는 뜻입니다. 결승선이 보이지 않으니 세부 계획을 세울 수 없었어요. 쳐낼 수 있는 항목이 없으니 아주 작은 일이라도 끝내는 느낌을 가질 수가 없었습니다. 작은 성취가 없으니 큰 성과를 노릴 수도 없었지요. 지쳤어요. 이러다 구름 위에서 망할 것 같았습니다. 그런 저를 곁에서 지켜보던 아내가 해준 조언이 바로 '사소하고 구체적인 리스트 작성'이었어요.

핵심은 '리스트'에 있지 않습니다. '사소한'과 '구체적인'에 있어요. 리스트는 최대한 구체적이어야 하거든요. 그래야 머릿속에만 있던 일의 덩어리에 실체가 생깁니다. 실체가 있어야 제거할 수 있습니다. 리스트로 정리할 수 없는 일은 그저 추상적인 수준에 머물러 있는 단계일 가능성이 큽니다. 일단 리스트로 표현할 수 있어야 해치울 수도 있어요. '해냈다' 혹은 '해결했다'는 느낌을 가질 수 있습니다. 당장 사업이 번창하는 건 아니지만 최소한의 마침표를 찍을 수는 있습니다. 예를 들어 볼까요?

제가 해야 하는 일이 스크립트 작성, 촬영, 세금계산서 발행, 이메일 답장, 취재에 필요한 책 사기, 책 쓰기, 배너 만들기, 영상 업로드 주 3회 달성하기… 정도라고 해봅시다. 정신없지요. 정리가 필요한 상황이에요. 일단 오늘 할 수 있는 일과 언젠가 해내고 싶은 일을 구분해야 합니다. 단기 목표와 중장기 목표를 구분하는 거지요. 책 쓰기, 업로드 주 3회 달성하기 같은 것은 중장기 목표입니다. 구분해서 적어야 해요. 이렇게 거창한 항목들이 '세금계산서 발행'처럼 10분짜리 일과 같이 있으면 심경이 복잡해지거든요. 어느 것에도 집중할 수 없게 됩니다.

중장기 목표로 보낸 것들을 제외하면 오늘 할 수 있는 몇 가지 일들이 남을 거예요. 남은 일들은 시간순으로, 빠르게 해낼 수 있는 일의 순서로 다시 정렬합니다. 1. 세금계산서 발행 2. 책 주문하기 3. 이메일 답장 4. 배너 만들기 5. 스크립트 작성 6. 촬영

이제 머리를 비울 차례입니다. 이런 일을 할 때 자아와 싸우지는 마세요. 그냥 하는 거지요. 쳐낼 수 있는 일을 빠르게 쳐내고 나면 이제 뭔가를 만들어야 하는 단계에 진입하게 돼요. 여기서는 약간의 융통성을 발휘합니다. 어쩐지 뭔가 쓰고 싶은 상태라면 MS 워드를 엽니다. 이미지나 영상을 상대하고 싶다면 포토샵이나 프리미어 프로를 여는 거예요. 내 몸과 마음의 흐름에 따라 최적의 효율을 달성할 수 있는 업무에 집중합니다.

앞에 적어둔 여섯 개 항목을 하루 안에 다 지울 수는 없을 거

예요. 예측할 수 없는 전화가 걸려오고, 어떤 전화는 20분 넘게 이어지기도 합니다. 그렇게 흩어진 집중력을 다시 모으는 데 시간이 조금 더 필요할 수도 있어요. 점심도 먹어야 하고 커피가 필요한 순간도 생깁니다. 여기저기서 들어오는 요청에 응하다 보면 정작 내가 해야 하는 일을 놓치게 될 수도 있어요. 계획한 일을 다 못 하게 되는 날들이 더 많을 테니, 부지불식간에 쌓이는 일이 다시 스트레스가 되는 걸 방지하려면 내가 하루에 해낼 수 있는 일의 양을 좀 관대한 심정으로 가늠해두는 에누리도 필요합니다.

이렇게 말씀드리면 제가 무슨 구루 같지요? 매일매일 착실하게 성공하는 것 같지요? 물론, 요즘은 하루를 시작하기 전에 착실하게 리스트를 씁니다. 하지만 매일 실패해요. 너무 많이 놓칩니다. 여전히 무리하게 계획하고 해내지 못했을 때는 스트레스에 시달려요. 어떻게든 해내고 싶어서 밤 10시에도 책상 앞에 앉습니다. 새벽 2시까지 끙끙대다 몇 시간 눈을 붙이고 6시에 일어나서 다시 책상 앞에 앉기도 해요. 안다고 해낼 수 있는 것은 아닙니다. 쉽지 않아요.

다만 한 가지는 알게 됐습니다. 아주 작고 세세한 계획을 실행하지 못하면 큰 목표도 이룰 수 없어요. '영상 업로드 주 3회

달성' 같은 목표는 '스크립트 작성'에 매일 성공했을 때나 꿈꿀 수 있습니다. '책 쓰기'는 '취재에 필요한 책 사기'로부터 아주 조금은 가까워질 수 있을 거예요. 리스트 작성은 적절한 단계 없이 꿈으로 치닫는 저 자신에게 매우 성실하고 효율적인 브레이크이기도 합니다.

P의 융통성에 J의 계획과 실행력. 결국 둘 다 해내야 합니다. 구름 위를 꿈꾸면서 두 발은 땅을 딛게 해야지요. 목표를 세우고 계획을 짜는 거예요. 빠르게 실행하고 결과를 분석합니다. 좋았다면 계속 하고 실패했다면 수정합니다. 그 사이를 끊임없이 왕복하는 거예요. 될 때까지. 더 큰 꿈을 꾸고 싶어서.

20대와 30대와 40대의 일은 어떻게 다른가

20대에는 일과 꿈이 동의어였던 것 같습니다. 취업이 지상 목표이기도 했지요. 의도하던 대로 잘 풀린다면 상상하던 직장에서 동경하던 사람들과 일하고, 학생일 때는 미처 못 한 경험을 무작위로 하게 될 겁니다. 그때는 무조건 열심히 하는 게 미덕이라고 생각했어요. 누구보다 잘하고 싶었고요. 하지만 마음대로 되는 건 별로 없었지요. 수시로 바닥을 확인하게 되는 시기예요.

회사에서 접하는 일들은 학교에서 배운 어떤 것과도 달랐습니다. 다 아는 것처럼 덤볐지만 아무것도 몰랐다는 사실을 인정해야 했어요. 같은 회사를 다니는 동기끼리도 경험과 반

응이 달라요. 성장과 정체, 선택과 집중도 달랐지요. 어쩌면 일이야말로 가장 개인적인 세계라는 사실을 깨달았습니다. 의욕이 충만하고 자세도 되어 있지만 눈에 보이는 결과는 거의 없어요.

취업만 하면 혼자 살 만한 오피스텔 하나와 경차 한 대 정도는 가질 수 있을 거라는 기대는 첫 월급 명세서와 함께 날아가기 쉽습니다. 마음이 복잡한 채, '어떻게 살아야 하나' 구체적으로 다음 행보를 설계해보는 시간이 시작될 거예요. 하지만 어쨌든 주어진 일은 열심히 해야지요. 사회는 평판으로 움직인다는 사실 또한 감각적으로 알게 되니까요. 그건 고대 그리스 사회도 다르지 않았습니다. 소크라테스는 이런 말을 했어요.

"당신이 가질 수 있는 보물 중 좋은 평판을 최고의 보물로 생각하라. 명성은 불과 같아서 일단 불을 붙이면 그 불꽃을 유지하기가 비교적 쉽지만, 꺼뜨리고 나면 다시 그 불꽃을 살리기가 매우 어렵기 때문이다. 좋은 평판을 쌓는 방법은 당신이 보여주고 싶은 모습을 갖추기 위해 노력하는 것이다."

좋은 평판과 당당한 실력을 기르고 유지하려는 마음으로 30대를 맞이하면 보여주고 싶은 모습을 맘껏 연습할 수 있는 일종의 파티 같은 시기가 열리게 됩니다. 커리어도 인간관계도 폭발하는 시기지요. 이제 일은 어느 정도 익숙해진 것 같아요. 경험도 쌓이고 후배도 생겼지요. 시작할 때의 연봉에 비하면 30대의 생활은 나쁘지 않습니다. 가끔은 제법 가격이 나가는 식당에서 저녁식사를 합니다. 좋은 술을 곁들이기도 하지요. 자동차를 한 대 사볼까, 견적을 받아보기도 하고요. 인생의 멋이랄까 낭만이랄까, 나만의 라이프스타일을 찾아가는 여행이 시작된 듯합니다.

다만 30대 초반과 중반, 후반이 아주 다른 양상일 거예요. 초반과 중반까지는 확장에 확장을 거듭합니다. 저녁 시간이 되면 서울 곳곳에 모여 있는 다양한 지인들에게서 연락을 받기도 하지요. 삼삼오오 모인 술자리에서는 처음 만나는 사람과 새로운 관계를 맺기도 하고, 그 관계가 또 다른 관계로 이어지기도 합니다. 서울 전체가 거대한 파티장 같아요. 어쩌면 이런 시간 자체가 30대 중반까지의 핵심 같습니다. 중요한 건 술이 아니에요. 수많은 사람과의 관계, 크고 작은 실수와 상처, 만남과 이별 같은 것들이 일상의 큰 축으로 자리하게 되지요. 그 과정에서 일보다 더 중요한 것들을 많이 배우게 됩니다.

직장에서의 삶도 당연히 치열합니다. 도전하고 경쟁하면서 승리와 패배를 경험하지요. 역시 다양한 사람과 맞닥뜨리게 됩니다. 인간적으로는 훌륭하지만 같이 일을 하면 너무 힘든 사람도 있고, 일할 땐 너무 훌륭했는데 개인적인 시간을 공유할 수는 없는 관계도 접하게 됩니다. 정말이지 '지랄 맞은' 사람을 만나 마음의 바닥을 경험하기도 해요. 그럴 땐 늘 곁에 있는 좋은 사람들의 힘으로 다시 일어섭니다.

30대 초반의 기세 그대로 40대, 50대까지 파티 같은 일상을 이어가는 사람도 여럿 알고 있어요. 그런 인생도 있는 거지요. 저는 30대 후반으로 가면서 슬슬 염증을 느꼈습니다. 관계를 확장하고 사람을 만나는 재미에 빠져 있던 시선을 내 안으로 조금씩 가져오기 시작했어요. 사회생활을 시작한 이후 외부만을 향하던 몸과 마음의 방향타를 다시 내가 쥐기 시작하는 거지요. 너무 빠르게 소진되는 느낌이었거든요. 채우고 싶었습니다.

이대로 계속 살아도 괜찮을지, 혹시 다른 분야에서 경험을 쌓아야 하는 건 아닌지 덜컥 겁이 나기도 해요. 회사의 정년이 노후를 보장하지는 않으니 퇴사 이후를 위한 고민을 시작하기도 합니다. 그 와중에 건강을 놓치면 안 되겠지요. 운동을 시작하고 커리어를 점검해봅니다. 결국 모든 건 몸으로부터 시작한다는 사실도 경험으로 알게 됩니다.

한 분야에서 꾸준히 일해온 사람이라면 이미 10년 넘는 경력이 쌓여 있음을 문득 깨닫게 될 거예요. 어느 정도는 프로페셔널이 되었다는 뜻이지요. 그동안의 시간에 거짓이 없었다면, 아마 동종 업계 어디서나 인정받을 수 있는 경험과 비전을 갖고 있을 겁니다. 잘 모르겠다면 스스로를 한번 돌아보며 자신감을 찾는 것도 좋아요. 내 안에 의외로 단단한 것들이 쌓여 있을 겁니다. 열심히 해온 사람의 시간은 허투루 흐르지 않아요. 반드시 보답합니다.

그렇게 나만의 무기가 무엇인지, 내가 진짜 좋아하고 잘하는 일은 무엇인지 고민하고 깨닫는 동안 어느새 40대가 됩니다. 이제 어디서나 어른 대접을 받게 돼요. 20대나 30대와 이야기를 나눌 땐 '이 사람은 뭔가 알고 있지 않을까' 싶은 기대감의 눈빛과 마주하게 되기도 합니다. 당혹스럽지요. 40대라고 다르지 않으니까요. 여전히 좌충우돌입니다. 이미 가진 것과 새로운 것들 사이에서 갈팡질팡하지요. 어쩌면 그 좌충우돌과 갈팡질팡 자체가 인생 아닐까, 어느 정도는 내려놓고 조금은 관조할 수 있는 태도만이 40대의 매력 같기도 해요.

모르는 것도 아니지만 아는 것도 아닙니다. 많은 일을 해왔지만 또 많은 것을 배워야 하지요. 동시에 점점 뾰족해져야 합니다. 20대, 30대를 거쳐오는 동안 획득한 수많은 무기 중 가장 강력하고 효과적인 하나를 골라 매진하는 거예요. 일종의 승부랄까요. 30대 후반 즈음 프로페셔널이 되는 느낌을 받았다면, 이젠 그 존재감에 책임을 져야 해요. 미래 먹거리는 결국 개인의 역량에 달려 있으니 날카롭게, 더 날카롭게 벼려야 하는 시기입니다. 그래야 50대 이후를 다시 설계할 수 있어요.

"내가 정말 잘하는, 누구도 흉내 낼 수 없는 나만의 장기가 있다면 그건 약 3분 반 정도 부르는 노래 한 곡에서 딱 한 번만 해야 해요. 절정에 딱 한 번. 그 한 번을 위해 부르는 거죠."

그러고 보니 가수 주현미 선생님이 예전 인터뷰에서 저한테 이런 말을 하신 적이 있습니다. 시대를 대표하는 예인은 이런 마음으로 그 한 곡의 노래를 지금도 부르고 있습니다. 가수의 노래와 우리의 일이 다르지 않을 거예요. 결국 나만의 노래 한 곡을 멋지게 완성하기 위한 시간이니까요. 자기 인생에 장인이 될 수 있는 사람은 결국 자기 자신뿐입니다.

우울함의 복판에서
'나의 일'과 만나는 법

퇴근 후의 모든 시간을 미국 드라마 〈워킹데드〉로 보내던 때가 있었습니다. 지금까지의 커리어에서 가장 크게 인정받고 가장 높은 연봉을 받던 때였지요. 회사에서 하는 일 외에도 부수입이 적지 않았어요. 정기적으로 컨설팅을 하던 콘텐츠 스타트업도 있었고, 매달 원고를 보내는 매체도 여럿이었습니다. 그런데 행복하지 않았어요. 〈워킹데드〉에서 제가 몰입한 대상은 좀비를 피해 삶을 이어가려는 인간 군상이 아니었습니다. 낮은 신음소리를 내면서 어슬렁거리다 기척이 느껴지면 각성하는 좀비였지요.

저도 좀비처럼 살고 있는 것 같았습니다. 누군가와 같이 있을 땐 가까스로 힘을 냈지만 혼자가 되면 좀비처럼 흐느적거렸어요. 소파에 누워 있다가, 더 누워 있다가, 아주 약간의 힘을 내서 〈워킹데드〉를 켜는 것이었습니다. 위안이 됐어요. 그 안에는 나와 비슷한 존재들이 많이 있었거든요. 좀비 떼가 등장하는 장면을 기다리면서 더 깊이 몰입했습니다. 직업적으로는 가장 행복해야 마땅한 시기, 저는 대체 왜 그렇게 기운이 빠졌을까요? 응용심리학자 황준철의 책 《직장으로 간 심리학자》에는 이런 문장이 있습니다.

> 생존을 위한 외적 스트레스보다는 다양한 내적 욕구에 따른 스트레스로 우리는 조금씩 침몰해간다. 직장에서의 업무와 관계에서 오는 다양한 스트레스를 뜯어보면 그 근원에는 나 스스로 형성한 가치와 기준, 즉 자기 욕구를 통해 현상을 바라보면서 자생적으로 키운 스트레스가 많다.

당시의 저도 그런 것 같아요. 하고 싶은 것도 많았고 해야 하는 일도 많았지요. 기대에 부응해야 하는 면도 적지 않았어요. 스스로 설정해놓은 목표치도 낮지 않았습니다. 지금까지 받은 인정과 평판을 기반으로 이직에 성공했으니 조금은 우쭐하기도 했을 거예요. 여기에 더해 막연한 이상주의까지 작동하고 있었습니다. 당시의 저는 모든 동료가 서로의 선을 위해 공정하며 다정한 태도로 최선을 다한다고 철썩같이 믿었거든요. 꼭 그렇지는 않잖아요. 모두에겐 각자의 정치와 삶이 있으니까요.

그렇게 거의 모든 연결고리가 삐걱댔습니다. 혼자 해낼 수 있는 일이 아닌데 상황이 받쳐주지 않았고, 생전 처음 보는 인간형과 맞닥뜨려 적잖이 당황스럽기도 했어요. 회사라는 공간, 이직이라는 이벤트는 만만한 게 아니었습니다. 실제로 심리학자 토머스 홈스, 리처드 라헤 박사가 측정한 43위까지의 스트레스 지수 목록 상당수는 회사나 일과 관련되어 있어요.

가장 극심한 스트레스 상태 1위, 배우자의 사망을 스트레스 지수 100으로 봤을 때 이혼은 73점, 별거는 65점입니다. 각각 2위와 3위지요. 이후 감옥살이와 가족의 사망, 결혼과 해고와 재혼을 거쳐 18위에 이르면 '근무부서 변화'가 등장합니다. 22위는 직장에서의 담당업무 변화(29점). 30위는 직장 상사와의 문제(23점)예요. 가족처럼 친밀한 관계에서 생기는 사건들을 지나면 바로 회사가 등장하는 거지요.

그때의 저에게도 이런 스트레스들이 한꺼번에 몰아친 상황이었습니다. 출근할 때마다 가벼운 교통사고를 당하는 것 같았어요. 마음은 누더기가 되었는데 회복하는 시간은 짧았지요. 다치는 줄도 몰랐는데 상처는 점점 깊어지는 상태였어요. 그러니 집에 돌아오면 스스로를 차단하는 것이었습니다. 그렇게 점점 더 깊은 곳으로 빠져들었지요. 세계적인 신경과학자 엘릭스 코브는 이런 상태를 '우울증의 하강나선'이라는 말로 표현하기도 했습니다.

> 소용돌이처럼 우리를 휩쓸어 늪의 바닥으로 끌어내리는 하강 나선이 작동하는 이유는 우리가 내린 결정이 뇌 활동을 변화시켰기 때문이다. 뇌 활동이 불리한 쪽으로 변하면 부정적인 생각이 눈덩이처럼 불어나면서 통제를 벗어나는 상황이 벌어지고, 이는 뇌의 부정적인 변화를 더욱 악화시키는 방향으로 이어진다.

그렇게 우울함의 복판에서 고군분투할 때, 어쩌면 스스로를 좀비에 투사하는 상태만이 솔직하고 자연스러웠는지도 모릅니다. 〈워킹데드〉야말로 우울한 공원이었던 거지요. 이후의 결정들은 그저 살기 위한 것이었습니다. 창업은 통제할 수 있는 것과 통제할 수 없는 것들을 숙고한 후, 내가 가진 자원들을 가장 효율적으로 활용할 수 있는 터전을 스스로 일구자는 결심이었지요.

냉정하게 생각해보면 회사는 누군가의 꿈을 이뤄주는 곳이 아닙니다. 모두의 욕망과 목표 사이에서 가까스로 중심을 잡고 싸워 이겨야만 살아낼 수 있는 곳에 가깝지요. 이긴다고 가치가 영원히 보장되는 것도 아니에요. 안에서나 밖에서나 내 가치는 스스로 증명해야 하지요.

회사라는 사파리를 나서자 국립공원에 가까운 정글이 펼쳐졌습니다. 초식동물과 육식동물이 섞여 있는 것은 회사와 같았는데 먹이를 주는 사람이 없었어요. 그래서 서늘했던 순간이 적지 않았지만, 적어도 어떤 연못에서 목을 축일지는 스스로 결정할 수 있게 됐지요. 그제야 진짜 '나의 일'이 시작된 것이었습니다.

우리가 일할 때
치열해지는 이유

일은 사람을 뜨겁게 합니다. 사람이 치열해지면 여러 가지 현상을 경험하게 돼요. 제 경우에는 일단 좀 엄격해졌습니다. 그냥 넘기는 게 별로 없었어요. 글을 다루는 직업을 가진 사람이니까 토씨 하나까지 콘트롤하고 싶어 했습니다. 그 엄격함에 자아를 투사하게 됐어요. 제가 쓴 기사를 선배가 첨삭했는데 어미 하나 때문에 갑자기 혈압이 오르는 경험을 하게 되기도 합니다.

이상했어요. 조사나 어미 같은 '토씨'들이 중요하기는 해도 그렇게까지 집착하지는 않아도 되거든요. 경우에 따라 비문과 미문을 가르는 기준이 되기도 하지만 대개 그 정도는 아니에요. 게다가 제가 같이 일한 편집장은 한국어 문장의 마스터에 가까운 사람이었습니다. 대부분의 경우는 그가 옳았지요. 하지만 그걸 깨닫고 받아들이는 데 적잖은 시간이 걸렸습니다. 그전까지는 집착에 가깝게 매달렸어요.

이런 태도가 완성도를 높이는 데에는 큰 도움이 되기도 합니다. 누구에게나 단련하는 시간이 필요하니까요. 문장을 글자 단위로 세공하던 집착은 결국 글 전체의 평균적인 스타일을 정의하는 데 단단한 밑거름이 됩니다. 그렇게 다져진 후에는 조금씩 놀 수 있게 돼요. 치열함이 성장으로 이어지는 흐름이야말로 우리가 일을 하는 목표이자 즐거움일 수 있습니다. 자아효능감, 성취감, 존재감, 자존감… 나를 둘러싼 온갖 감정의 근원이기도 하고요.

하지만 원하는 일에 투신하면서 뜨거워진 마음은 여러 가지 형태로 변형되기도 합니다. 원하는 만큼의 성과가 나오지 않으면 성취 대신 좌절이 쌓입니다. 좌절의 힘은 생각보다 강력해요. 그 틈새를 우울감이 놓치지 않습니다. 상황을 타개하기 위해 과로를 택하는 사람에게는 번아웃이라는 우물이 기다리고 있습니다. 좌절, 우울, 번아웃의 흐름을 몇 번이나 거듭하고 나면 그 자체가 습관으로 굳어지기도 해요.

그럴 때 주변을 보면 나보다 잘난 누군가가 눈에 들어오게 마련입니다. 크게 노력하는 것 같지는 않은데 늘 빛나는 성과를 내는 사람. 나보다 적은 시간을 일하는 것 같은데 몇 배나 능숙한 사람. 재능의 존재 이유를 시시각각 증명하는 사람은 어디에나 있거든요. 그런 사람 곁에서는 질투를 느낄 수밖에 없습니다. 괜히 미워하기도 하고 다시 자괴감에 빠지기도 해요.

반대의 경우도 행복하지는 않습니다. 크게 잘못한 일이 없는 것 같은데 누군가 나를 미워한다는 느낌을 받을 때가 있을 거예요. 괜히 나를 깎아내리기도 합니다. 자기가 갖고 있는 조직 내 권력을 이용해 나를 괴롭히는 사람도 만날 수 있지요. 아무리 사소한 권력이라도, 가진 게 없는 사람을 괴롭히는 건 무척 쉬운 일입니다. 의도적으로 그러기도 하고 부지불식간에 일어나기도 하는 일이지요. 저 사람이 나한테 왜 저러나 싶지만 아무리 생각해도 이유를 알 수 없어요. 이런 관계의 원인이 질투인 경우, 현실에서는 무척 흔했습니다.

일은 일일 뿐 나 자신은 아닌데, 왜 일을 둘러싸고 벌어지는 일들은 이토록 치열할까요? 좌절하고 미워하고 괴롭히는 일. 성취하고 행복해하고 자신감을 가질 수 있게 하는 일. 소설가 장강명은 어떤 강연에서 일을 선택하는 세 가지 기준에 대해 말한 적 있습니다. 일을 둘러싸고 소용돌이치는 감정의 원인을 장강명 작가의 말에서 찾을 수 있었어요.

몇 번의 퇴사 끝에 소설가라는 직업에 안착한 그는 '꿈이냐 돈이냐'의 기로에서 직업을 선택하는 첫 번째 기준이 바로 최소한의 수입이라고 말합니다. 수입이 없거나 지나치게 변변치 않으면 마음이 뒤틀리기 때문이에요. 별것 아닌 일에도 자존심을 세우게 되고 누군가의 호의에도 의심이 생긴다고 합니다. 꿈을 좇을 때 좇더라도 최소한의 생계를 위한, 어느 정도의 미래는 설계할 수 있는 수입은 확보해야 마음의 여백이 생긴다는 뜻이에요. 이 여백이야말로 평화의 발판이 되기 때문입니다.

두 번째 기준은 바로 '잘하는 일'을 선택해야 한다는 것입니다. 그는 이렇게 말합니다.

"잘하지 못하는 일을 하면 비굴해집니다. 직업은 그릇이에요. 좋아하는 일이라도 잘 못하면 성취감이 아니라 좌절이 쌓입니다. 그게 계속되면 자존감이 무너져요. 일을 하면서 유능감을 맛볼 수 있어야 합니다."

재능과 성취의 영역 아닐까요. 좋아하는 영역이 재능과 일치하는 것은 대단한 행운입니다. 그게 돈을 벌 수 있는 직업과 이어지는 것도 귀한 인연이지요. 노래 부르는 걸 좋아한다고 무턱대고 가수의 길을 택하는 건 어리석은 일일 수 있습니다. 작가가 되는 것이 꿈이라서 전혀 재능이 없는 사람이 오로지 글만 쓰는 일상에도 지혜의 자리는 존재하지 않을 거예요. 좋아하는 일과 잘하는 일 사이의 교집합을 침착하게 오래 들여다봤을 때, 직업을 통해 누릴 수 있는 평화의 가능성이 있다고 그는 말하는 것 같았습니다.

냉정한가요? 진짜 중요한 건 세 번째 기준입니다. 일을 둘러싼 온갖 천태만상의 근원도 아마 이것 때문일 거예요. 소설가 장강명은 이렇게 말합니다.

> **"직업은 그릇입니다. 나를 담는 그릇. 하루에 8시간씩 그릇 안에서 살아야 합니다. 그 안에서 세상을 만나야 합니다. 내가 어떤 사람인지 먼저 알아야 해요. 나를 담지 못하는 일을 하면 불행해집니다."**

누군가는 일과 자아를 철저히 분리할 수도 있을 겁니다. 하지만 일을 고르고 정의하는 기준에 '꿈'이라는 키워드를 더하면 그때부터는 자아가 무척 중요해져요. 꿈으로 향하는 길은 자아가 직업이라는 그릇 안에 머물기 시작하면서 펼쳐지기 때문입니다. 그렇다면 직장은 혹시 자아가 담긴 수많은 그릇이 놓여 있는 진열장 아닐까요? 그 안에서 자유롭게 움직이며 부딪치고, 가끔은 깨지고, 고치고 이어 붙이고, 그 흉터 그대로 내 그릇이 맞춤으로 어울릴 수 있는 다른 진열장을 찾아 나서기도 하는.

이렇게 생각하면 세상은 한 번씩 깨졌거나 곧 깨질 그릇들이 서로의 꿈과 상처를 이해하기 위해 안간힘을 쓰는 운명 공동체 같기도 합니다. 직장에서 경험한 그 사소한 뜨거움들을 이해할 수 있는 실마리를 조금 찾은 것 같기도 해요. 나 자신을 걸고, 꿈을 이루기 위해서, 각자의 최선이 부딪치는 곳이라면 응당 뜨거울 수밖에 없을 테니까요.

어떻게든
매일 일해야 하는 이유

좋아하는 일을 직업으로 삼는 데 성공한 사람의 두 번째 숙제는 바로 효율입니다. 되도록 짧은 시간에 많은 일을 해낼 수 있어야 해요. 저처럼 작은 스타트업을 꾸리고 있거나 프리랜서인 경우, 콘텐츠 자영업자도 같은 운명을 공유합니다. 시간이 곧 돈이고 일 하나하나가 아카이브이며 튼실한 아카이브만큼 중요한 사업 밑천도 없기 때문이에요.

하지만 기자생활의 모든 마감마다 첫 원고를 쓰기 직전에는 늘 버퍼링에 시달렸습니다. 작가들이 첫 문장을 가장 어려워하는 것과 비슷할 거예요. 커서만 깜빡거리는 모니터 화면에서 공포를 느끼는 기자나 작가가 많은 것도 우연이 아닙니다.

글쓰기는 근육이거든요. 오랜만에 하는 운동 전에는 충분한 스트레칭이 필요해요. 전달 마감부터 10일경까지 느슨해져 있던 근육을 다시 긴장시키는 데는 시간이 필요한 법입니다. 버퍼링의 정체지요.

버퍼링은 루틴으로 돌파해야 합니다. 무라카미 하루키는 하루에 4시간 정도, 매일 원고지 20매 정도의 글을 꾸준히 쓰는 일상으로 유명합니다. 새벽 4시에 일어나 오전에 글을 쓰고 식사를 합니다. 식사 후에는 달리기나 수영을 합니다. 이후에는 책을 읽고 음악을 들으며 시간을 보내고 9시에는 잠을 청합니다. 하루에 7시간 정도의 수면시간을 확보하는 거지요.

스티븐 킹도 정확한 루틴을 지켰습니다. 집중력이 높은 오전 시간에 작업실에 들어가 스스로를 외부와 차단한 후 매일 2천 단어의 원고를 썼다고 해요. 그의 책 《유혹하는 글쓰기》에서 밝힌 내용입니다. 몰입할 수 있는 환경을 조성한 뒤 목표를 달성할 때까지 집중하는 겁니다. 그런 과정이 몸에 익어갈 때까지 계속하는 거예요. 습관으로 만드는 거지요.

이 루틴에서 중요한 게 한두 가지가 아닙니다만, 일단 '매일', '정해진 양'의 원고를 쓴다는 것에 집중해야 합니다. '하루키나 스티븐 킹처럼 위대한 작가와 우리의 일상을 비교하는 것이 온당키나 한가…' 하는 생각이 들 수도 있습니다. 그럴 땐 '하루키 같은 대작가도 엄격하게 루틴을 지키고 있다'는 데 방점을 찍으시는 게 좋겠습니다. 뭔가를 창조하고 싶은 사람이라면, 그게 뭐든 '매일', '스스로 정한 만큼' 하는 게 중요하다는 뜻이에요.

하다못해 인스타그램이나 블로그 포스팅도 그렇습니다. 기록을 비즈니스로 성장시키고 싶은 사람이라면 매일의 루틴을 꾸준히 해내는 의지와 결기가 필요해요. 습관이 되어야 하는 거지요. 저도 회사를 다닐 땐 이런 정도의 긴장감이 필요하지 않았습니다. 정해진 시간 안에 어떻게든 마감만 해내면 월급이 나왔으니까요. 하지만 회사는 인생을 책임져주지 않아요. 누구나 회사 밖에서 살아남아야 하는 시기를 맞이합니다. 일상의 근육이 중요한 이유예요. 마감이 없어도 써야 합니다. 누가 정해준 마감이 아니라 나의 루틴을 따라야 합니다.

제 경우는 영상 제작을 위한 스크립트, 기획안, 누군가 청탁한 원고를 비롯해 소셜미디어와 블로그 포스팅 등을 위한 글을 매일 써야 하는 입장입니다. 하지만 매번 버퍼링에 시달렸어요. 그래서 어느 날부터는 매일 쓰기로 결심했습니다. 마감이 없어도, 무슨 글이든, 짧거나 길거나 관계없이 무조건 컴퓨터를 켜고 쓰기 시작했어요. 주제를 정하지 않았습니다. 그날 있었던 일을 일기처럼 쓰기도 하고 문득 떠오른 주제에 대해 그때그때 취재를 보태가며 칼럼처럼 쓰기도 했어요.

거창해지지 않으려고 신경을 많이 썼습니다. 엄청난 글을 기획하지도 않았고 시간을 정해두지도 않았어요. 대신 일찍 자고 일찍 일어나는 습관만큼은 들이려고 했습니다. 이상적인 취침시간은 밤 11시. 수면시간은 5시간에서 5시간 반 사이. 그렇게 새벽 4시~5시 사이에 일어나 쓰기를 시도했습니다. 이런 루틴을 놓친 날은 밤에 썼어요. 밤 10시부터 11시 사이에 어떻게든 썼습니다.

참 쓸데없는 글들이지만 조금씩 변화가 생기기 시작했습니다. 쓰는 일 자체가 점점 가벼워졌어요. 누가 청탁해서 돈을 받고 쓰는 글이 아니라 '그냥 나를 위한 글'을 아무렇게나 쓰기 시작했더니 마감이 임박한 원고를 쓸 때도 버퍼링이 짧아졌습니다. 근육이 생긴 거지요. 그러다 보니 제가 사무실에서 후배들에게 하던 조언이 생각났습니다.

"야, 그냥 써. 엄청나게 각오를 하고 문장 하나하나 세공하면서 쓰나

나오는 대로 일단 쓰고 나중에 퇴고하나 똑같아. 오래 고민한다고 좋은 원고가 나오는 게 아니야. 일단 써."

스스로에게 하는 조언이기도 했습니다. 게으른 완벽주의를 깨뜨리는 주문이기도 했지요. 지금은 잘 압니다. 그 조언처럼 그냥 써버리려면 일상의 근육이 필요하다는 사실을 말이지요. 회사에 다닐 땐 한 달에 일주일 정도 다짐하던 것을 요즘은 매일 합니다. 그런 식으로 매일 긴장하며 일에 매진하는 일상에 지치지는 않느냐고 누군가는 물어보실 수 있습니다만… 어차피 해야 하는 일이라면 빨리 착수해서 효율적으로 끝낼 수 있는 루틴 자체에 익숙해지는 편이 훨씬 수월합니다. 진짜 쉼을 위해 더 많은 시간을 확보할 수 있어요.

일을 하기보다는 쉬는 편이 좋다는 사실, 일은 마냥 괴롭고 힘든 것이라는 오래된 인상에도 얽매일 필요가 없어요. 물론 휴식은 달콤하고 일은 괴롭지요. 하지만 간단하게 생각하기로 해요. 일은 반드시 같이 살면서 언젠가 길들여야 하는 맹수에 불과합니다. 처음엔 무섭고 낯설지만 무슨 수를 써서라도 익숙해져야 합니다. 오늘 얼굴을 익힌 강아지가 일주일 후에는 나를 못 알아볼 수 있듯이, 오늘 해낸 일이 일주일 후에는 낯설어지기도 하니까요.

그 버퍼링의 시간을 줄이기 위해서 근육이 필요한 거예요. 아무것도 거창하지 않습니다. 하루키나 스티븐 킹처럼 위대한 누군가에게만 필요한 게 아니에요. 매일 아침 운동화를 신고 집을 나서는 마음으로, 딱 동네 한 바퀴만 뛰어보겠다는 심정으로 무조건 매일 조금씩 하는 겁니다. 동네 한 바퀴가 3km가 되고, 시간도 점점 단축되겠지요. 낯설어서 짖어대던 맹수도 하루하루 온순해집니다. 근육이 여물고 시간이 쌓이면 일은 결국 든든한 도구이자 기술, 동반자가 됩니다. 저도 매일 달리고 있습니다. 마라톤을 뛸 실력까지는 안 된 듯하지만 어쨌든 매일 성실하게 달리고 있습니다.

5장

우리의 불행은 휴식하지 않는 데서 발생합니다

진짜 휴식을 맛보고 싶다면
내면의 사냥감들과 화해하는
나만의 방법을 터득해야 합니다.
두려워서 외면하기보다
잘 달래서 가라앉혀야 합니다.
그 감정들과 화해하려는 시도 자체가
진짜 휴식의 첫 단계일 수 있거든요.

번아웃이 일상이 된 당신에게

일이라는 단어에는 양가적 감정이 깃들어 있습니다. 하나의 현상에 대해 서로 완전히 반대인 감정을 동시에 갖고 있다는 뜻이에요. 일을 사랑하지만 헌신하고 싶지는 않아요. 최선을 다하고 싶지만 연봉 이상 일하는 건 손해 같습니다. 가끔은 일과 나를 동일시하지만 직장생활과 사생활은 완전히 분리하고 싶어요. '워라밸'은 일과 라이프스타일이 차지하는 시간을 또렷하게 나눠 균형을 잡고자 하는 시대정신입니다. '조용한 퇴사'는 심리적 퇴사에 닿아 있지요. 회사가 나를 인정해주는 가치만큼만 일하겠다는 의지예요. 이런 감정과 태도들이 일을 둘러싸고 복잡하게 얽혀 있습니다.

누구라도 이 중 어떤 단어에 완벽하게 동의한다고는 말하기 어려울 겁니다. 일과 생활의 관계에는 그런 속성이 있어요. 분리할 수 없기 때문에 분리하고자 하고, 무턱대고 퇴사할 수 없기 때문에 조용한 퇴사를 웅변하는 거지요. '일 잘하는 법'에 대한 지침과 조언이 어느 때보다 넘쳐나는 시대, 일에서 자유로워지고자 하는 흐름 또한 이렇게 강렬한 시대가 또 있었을까요? 모순된 필요와 욕망이 혼란스럽게 뒤섞여 있는 데에는 다 이유가 있습니다. 지금까지 사회를 지탱하던 어떤 약속 자체가 흔들리기 때문이에요. 포스텍 이진우 명예교수는 〈경향신문〉 칼럼 '이진우의 거리두기'에 이렇게 썼습니다.

이제까지 자본주의 체제에 자발적으로 참여하게 만든 동기가 조용히 그리고 서서히 사라지고 있다. 자본주의의 핵심은 능력주의이다. 능력이 있고 노력만 하면 그에 따른 보상을 받을 수 있다는 자본주의의 약속이 거짓으로 드러나고 있다.

어려운 얘기가 아닙니다. 열심히 일하면 잘살 수 있을 거라는 암묵적 동의가 깨지고 있다는 뜻이에요. 이제 회사는 월급 외의 인생을 보장하지 않습니다. 한국은 상위 1퍼센트가 전체 자산의 25.4퍼센트를 소유한 나라예요. 독일은 35퍼센트, 미국은 40퍼센트로 알려져 있습니다. 상상 속에 있는 미래를 실현하는 데 필요한 돈을 벌 수 있는 길을 회사에서 찾는 것은 거의 불가능해 보이지요. 죽도록 일해도 한계가 있습니다. 부지런함과 성실함이 노후를 약속하던 부모님 세대의 논리는 판타지가 되었어요. 회사가 원하는 일을 열심히 한다는 것의 의미 자체가 점점 희미해지고 있습니다.

원하는 것을 이룰 수 있는 방법을 상실했다면 일정 부분을 포기하는 것도 보호본능 아닐까요? 더 나은 삶을 추구하려는 긍정적 에너지 또한 본성일 겁니다. 포기와 긍정이라는 모순된 마음이 만나 시대정신이 되었습니다. 업무시간 이후, 회사 밖에서 진정으로 원하는 것을 찾으려는 시도야말로 '워라밸'의 본질일 거예요. 안에는 없으니 밖에서 찾는 거지요. '조용한 퇴사'도 마찬가지입니다. 회사 일을 하지 않는다고 인생을 낭비하겠다는 게 아니에요. 월급과 연봉의 교환가치를 벗어난 것들은 회사 밖에서 찾겠다는 뜻입니다. 어떻게든 더 나은 삶을 위한 발판을 마련하겠다는 절박함입니다. 그러니 피로가 기본값이 되었지요. '번아웃 증후군'이 일상처럼 느껴질 정도입니다.

과다한 노동과 성과는 자기 착취로까지 치닫는다. 자기 착취는 자유롭다는 느낌을 동반하기 때문에 타자의 착취보다 더 효율적

이다. 착취자는 동시에 피착취자이다. 가해자와 피해자는 더 이상 분리되지 않는다.

재독 철학자 한병철 교수는 《피로사회》에서 이렇게 썼습니다. 한병철 교수는 지난 20세기를 '규율사회'로 정의해요. 해야 하는 것들을 성실하게 하면서 금지된 것들을 하지 않는 것으로 일정 수준 이상의 가치를 영위할 수 있었던 사회지요. 21세기는 '성과사회'입니다. 개인이 개인의 경영인인 사회. 개인이 할 수 있는 것들의 효율을 극대화하여 스스로를 수익화함으로써 원하는 삶을 구축하려는 사회라는 뜻이지요. 성실하게 버티면 일정 수준 이상의 삶을 영위할 수 있는 시대를 지나, 할 수 있는 것들을 모조리 해내야 하는 시대의 복판에 있는 거예요.

이젠 본캐와 부캐를 나눠 각각의 효율을 추구해야 합니다. 소득의 파이프라인이 두 개 이상은 되어야 그나마 안정적인 미래를 설계할 수 있지 않겠느냐고 부추기는 목소리도 너무 많이 들려요. 모두가 콘텐츠 생산자인 시대, 숫자와 영향력으로 즉각 평가받고 24시간 비교하는 시대의 우리는 스스로를 더 몰아세우지 못해 안달이 나 있습니다. 모두가 할 수 있다 말하고, 나 말고 다른 사람은 다 해내는 것처럼 보이기도 해요. 그런 분위기에서 조금씩 탈진하고 있는데 나만 그런 게 아니니까 힘든 줄도 모른 채 몽롱하기만 합니다.

어디서부터 풀어야 할까요. 시대가 이런데 내가 뭘 할 수 있을까요. 뒤처지지 않는 정도로 '지금 이대로 좋으니 괜찮다'는 말을 위로 삼을 수 있다면 좋을까요? 30대를 지나 40대가 되었어도 다르지 않은 일상을 전력질주하는 사람의 입장에선 위로도 조언도 조심스럽지만… 경험을 바탕으로 이런 말은 할 수 있습니다.

견디기 힘들 땐 멈춰도 괜찮습니다. 현실적으로 삶을 영위할 수 있는 최소한의 잔고를 마련해둔 상태라면 결승점만 보고 달리던 트랙을 살짝 벗어나는 것도 큰 도움이 돼요. 일을 쉰다고 인생이 멈추는 것은 아니기 때문입니다. 인생은 길고, 좀 쉰다고 뭐 대단히 도태되는 것도 아니에요.

트랙을 벗어나야 운동장 전체를 볼 수 있는 시야가 생깁니다. 그제야 결승점 같은 건 애초에 존재하지도 않았다는, 아무도 알려주지 않은 사실을 알게 되지요. 세상엔 다른 종류의 트랙도 존재한다는 사실을 바라볼 여유와 힘도 생기고요. 그렇게 발견한 작은 힘으로 뭔가 다시 하고 싶어질 때, '일'에 대해 갖고 있던 양가적 감정이 조금은 산뜻해져 있을지도 모릅니다.

열심히 나 자신을
탐구할 뿐입니다

우리는 오랫동안 과로가 미덕인 사회에서 살아왔습니다. 근면함과 성실함이야말로 아버지 세대의 미덕이었지요. 열심히 살면 계층이동이 가능했던 시대, '야근'이라는 단어에는 어떤 로망조차 묻어 있었던 것 같습니다. 지금은 좀 달라졌을까요?

야근은 오히려 무능의 상징이 된 듯합니다. 일과 일상의 구분은 정확하면 정확할수록 좋습니다. 퇴근 이후의 시간은 자기계발에 투자하는 거지요. '갓생'이라는 말은 바로 그런 맥락에서 성공적으로 자리를 잡은 것 같습니다.

'갓생'은 신god과 생life을 합쳐 만든 말입니다. 신처럼 완벽한 하루. 새벽부터 밤까지, 의도한 것을 정확히 이뤄가는 하루를 의미하는 말이지요. '새벽 5시에 일어나 30분간 달리기를 한 달간 지속했더니 벌어진 일' 같은 영상의 조회수가 수십 만에 달하는 건 '갓생' 트렌드를 반영하는 솔직한 결과치일 겁니다. 누구나 지금보다 잘 살고 싶다는 뜻이에요. 누구나 지금 자신의 삶에 대한 불만 혹은 개선점을 인지하고 있다는 뜻이기도 할 겁니다. 어떤 세대를 대표하는 차원의 트렌드라고 할 수도 있습니다만, 그야말로 인간의 본성이 아닐까 생각합니다. 데일 카네기는《인간관계론》에 이렇게 썼습니다.

> 지그문트 프로이트는 인간의 모든 행동에는 두 가지 욕구가 있는데 그것은 성적인 욕구와 위대해지려는 욕구라고 주장했다. 존 듀이 박사는 이를 약간 다른 식으로 표현했다. 듀이 박사는 인간 본성에서 가장 심오한 욕구를 '중요한 인물이 되려는 욕구'라고 말했다.

비슷한 말이지만 지그문트 프로이트가 말하는 '성적인 욕구'와 '위대해지려는 욕구', 존 듀이가 말하는 '중요한 인물이 되려는 욕구' 같은 건 다소 사치스럽게 느껴집니다. 침착하게 말하면 우리는 그저 살고 싶을 뿐이잖아요. 되도록 하고 싶은 일을 하면서. 너무 심하게 쫓기지는 않는 정도의 돈을 벌면서. 사랑하는 사람과 가끔 맛있는 음식을 나눠 먹을 수 있는 정도의 삶을 살고 싶을 뿐입니다.

일은 이제 회사, 직장의 범위를 벗어나 각자의 의지에 따라 그 의미를 갖는 시대가 되었습니다. 진짜 삶은 퇴근 이후에 시작되는 것 같아요. 회사 밖에서도 또 다른 일을 얼마든지 할 수 있으니까요. 갓생과 'n잡러', 본캐와 부캐의 흐름이 다르지 않은 이유입니다.

진짜 트렌드는 미래가 불확실하다는 사실 그 자체 같습니다. 믿을 건 나 자신. 결국은 혼자서 살아남아야 합니다. 어느 누구도 대신해줄 수 없습니다. 회사에서는 직장인으로서의 책임을 다하며 생활에 필요한 돈을 벌고, 퇴근 후에는 미래를 대비하는 생존인으로서의 일상에 전력투구해야 한다는 불안이 우리를 지배하고 있습니다. 갓생과 부캐의 시대에는 사실 세대의 불안이 반영되어 있어요.

제가 퇴근 이후의 삶으로 요가를 택한 것도 바로 그런 이유 때문입니다. 직업적인 보험을 들어두고 싶었어요. 또 하나의 정체성을 만들고 싶은 마음도 있었습니다. 저는 기본적으로 한국어를 다루는 사람이니까, 언어를 초월해 소통할 수 있는 세계에 대한 호기심도 있었지요. 요가는 전 세계 어딜 가나 변함없이 요가인 데다 그 자체로 깊이와 너비를 알 수 없는 세계니까요. 그러니 마음먹기에 따라 평생 추구할 수 있겠다는 기대와 확신이 있었습니다.

그렇게 취미로 시작해 몇 개의 지도자 과정을 이수했습니다. 스스로의 수련을 혼자서 꾸려나갈 수 있는 정도의 수련자는 된 셈이지요. 더 익숙해지면 누군가를 가르칠 수도 있을 겁니다. 그 흐름에 따라 두 번째 인생을 살 수도 있을 거예요. 막연하지만 든든한 대안. 내 미래를 나의 의지에 따라 스스로 콘트롤할 수 있다는 확신이 생긴 겁니다. 요즘은 요가야말로 내 인생의 키다리 아저씨이자 엔젤 투자자라고 생각해요. 내가 정말 모든 걸 잃었을 때도 믿을 구석이 생겼습니다.

하지만 진짜 순기능은 두 번째 삶을 설계하기 전부터 나타나기 시작했습니다. 요가를 수련하면서 일상에도, 일에도 조금 더 집중할 수 있게 됐어요. 몸이 강해지고 스트레스가 풀리면서 나 자신을 시시각각 돌아보고 알아챌 수 있는 마음의 힘도 생겼습니다. 요가 수련은 좋은 사람들을 만날 수 있는 기회를 만들어주기도 했어요. 그야말로 삶 자체가 좋아진 거지요. 갓생을 증명하고 싶은 마음도, 부캐가 벌어다 주는 돈 없이도 일상 자체에 대한 만족도가 천천히 상승했습니다. 그 안에서 '이대로 계속 살면 참 괜찮겠다'는 안정이 싹처럼 자라기 시작했지요.

돈을 많이 벌어보자는 제안은 하고 싶지 않습니다. '월 1,000만 원 파이프라인 만들기' 같은 소리를 반복하고 싶지도 않아요. 돈이 많으면 조금 편안하게 행복을 추구할 수 있겠지만, 돈을 좇는 시간 자체는 행복하지 않을 가능성이 크거든요. 수단과 목적이 좀 바뀐 느낌이랄까요. 게다가 그런 조언들은 조언 대상이 아니라, 조언하는 주체들이 돈을 더 벌기 위한 수단 자체인 경우가 더 많은 듯합니다.

모쪼록 다른 사람 말은 조금만 들으세요. 적당히 들었다면 당신 자신을 좇는 편이 좋습니다. 내가 뭘 좋아하는지, 어떤 시간이 나를 풍성하게 만드는지 꾸준히 생각해보세요. 시간과 경험이 내 안에 재산처럼 쌓인다는 기분이 들 때 당신은 뭘 하고 있었나요? 그런 일을 찾았다면, 그 일 자체를 습관 삼아 정진하면 어떨까요? 언젠가 작가 김창옥 씨가 이런 취지의 말을 한 적이 있습니다.

"딱 할 때 기분이 좋아지는 일보다는, 할 때는 좀 귀찮고 하기 싫을

수 있지만 하고 나서 기분이 좋아지는 일을 하세요. 그게 진짜 좋은 거예요."

즉시 메워지는 결핍은 순간의 만족에 머뭅니다. 기름진 야식 같은 거지요. 하지만 하고 나서 뿌듯하게 좋아지는 일상 중에, 어쩌면 두 번째 인생을 위한 든든한 발판이 존재할 거예요. 꾸준히 탐색하고, 돌아보고, 스스로의 기분을 관찰하면서 진짜 나한테 좋은 시간을 찾아 채워보세요. 누가 시키지 않아도, 직장 밖에서 나도 모르게 열심히 하는 그 일을 통해 또 다른 돌파구가 열릴 겁니다.

생각해보면 삶 자체가 그렇잖아요? 회사에서는 이런저런 지시를 따를 겁니다. 각자가 맡은 역할에 충실해야지요. 하지만 누구도 나한테 '살라' 명령하지 않아요. 내가 사는 시간이니 내가 찾는 겁니다. 열심히, 나 자신을 탐구할 뿐입니다.

무기력과 휴식을
구분해야 하는 이유

쉴 틈 없이 일한 일주일이 지금 막 끝났습니다. 주말에는 그냥 늘어져 있을 거예요. 늦게 일어나 대충 끼니를 때우고 다시 누울 겁니다. 미뤄둔 드라마 시즌 하나를 통째로 보다 지치면 또 자야지요. 저녁은 배달음식으로 해결할 요량이에요. 이런 게 진짜 휴식 아니겠어요? 일주일 내내 쌓인 피로도 풀고 싶었습니다.

그런데 일요일 아침이 되자 엉망진창이었어요. 몸이 더 무거웠습니다. 하루 종일 쉬었는데 왜 더 피곤하지요? 마음은 붕 떠서 어디에 발을 딛고 있는지도 모르는 상태였습니다. 집 안 곳곳에 어제 내가 죽인 시간의 사체들이 널브러져 있는 것 같았어요. 이렇게 무기력한 상태로 내일 또 출근이라니.

아무래도 그럴 수는 없어서 일단 요가매트를 깔았습니다. 몸을 좀 풀기로 했어요. 관절과 근육들이 서로를 꼭 쥐고 수축돼서 찌뿌드드했거든요. 몸이 풀리면 마음도 풀립니다. 요가라면 오래 수련해왔으니 혼자서도 충분히 할 수 있어요. 천천히 움직이자 몸에 열이 오릅니다. 25분 정도 움직였더니 땀이 맺혔어요. 그대로 1시간을 꽉 채워 움직인 후 마지막 자세, '사바사나(송장자세)'에 이르렀습니다.

사바사나는 팔과 다리를 편안한 감각으로 벌리고 가만히 누워 눈을 감고 온몸을 이완하는 자세예요. 경우에 따라 5~10분 정도 유지합니다. 요가 하는 사람들은 "사바사나의 달콤함을 맛보기 위해 수련한다"는 말을 자주 하기도 해요. 정말 그렇습니다. 몸을 써서 집중하며 자세를 만들고 근육을 써서 땀을 흘리고 나면 정말이지 달콤한 사바사나를 만날 수 있어요.

"지금 쉬고 있다는 사실을 인식해야 합니다. 가빴던 숨이 조금씩 잦아들고 다시 규칙적인 흐름을 찾아가는 그 느낌을 인지하세요. 숨이 다시 느려지고, 땀이 마르고, 근육이 이완하고, 마침내 쉬어갑니다. 내 몸과 의식에 휴식을 허락해주세요."

요가원에서 수련할 때 우리를 이끌어주시던 선생님 말씀이 귀에 들리는 듯했습니다. 마음은 맑아졌고 몸은 개운해졌어요. 비로소 휴식다운 휴식이었습니다. 마침내 월요일이 두렵지 않았어요. 가벼워진 몸으로 방탕했던 어제를 정리했습니다. 치킨 박스, 과자 봉지, 쌓인 먼지들을 치우고 닦았어요. 일요일 저녁은 그렇게 깔끔해졌고 월요일을 제대로 맞이할 에너지도 충전했습니다. 진짜 휴식과 무기력 사이를 오가던 주말을 그렇게 보냈습니다.

진짜 휴식과 무기력은 구분해야 합니다. 토요일은 무기력, 일요일이 휴식이었지요. 토요일에 제가 한 것은 휴식이 아니었어요. 몸이 버거워하는 음식을 먹고 움직이지 않았습니다. 드라마를 통째로 보면서 뇌를 무기력한 자극 속에 던져두었습니다. 몸은 몸대로 게을렀고 뇌는 뇌대로 쉬지 못했지요. 배는 더부룩하고 뇌는 자극에서 해방되지 못한 채 침대에 누워서 눈을 감았습니다. 그대로 잠을 청했으니 숙면을 취했을 리 없습니다.

일요일은 반대였습니다. 요가 수련을 통해 몸과 마음을 동시에 쉬게 했어요. 가벼워진 몸으로 멀리한 것들은 OTT 서비스와 소셜미디어였습니다. 대신 책을 읽었습니다. 해 질 녘에는 산책을 나섰습니다. 집을 치우고 몸을 씻었습니다. 묘하지요. 몸과 마음에 좋은 것들과 나쁜 것들은 혼자 오지 않습니다. 세트로 와서 제대로 영향을 미치고 가요. 토요일의 무기력은 나의 휴식을 외부의 자극에 내맡긴 결과였습니다. 일요일의 휴식은 나 자신에게 집중한 결과였어요. 17세기 프랑스 철학자 블레즈 파스칼은 《팡세》에서 이렇게 썼습니다.

> 인간의 모든 불행은 단 한 가지, 고요한 방에 들어앉아 휴식할 줄 모른다는 데서 비롯된다.

화가이자 작가인 우지현은 파스칼의 이 말을 인용하면서 《혼자 있기 좋은 방》에서 이렇게 썼습니다.

> 휴식은 집중하는 것이다. 다름 아닌 나에게. 그러기 위해서는 세상과의 단절이 필수적이다. 나에게 있어 휴식이란 휴대전화를 어딘가에 던져두고 편안한 자세로 책을 읽고, 마음껏 잠을 자고, 조용히 산책하는 것이다. 소리가 없는 곳, 침묵이 가능한 곳, 그래서 나만 존재하는 곳에서 태평한 외톨이가 되는 것이다.

아무것도 하지 않는다고, 늘어지게 잠만 잔다고 회복되는 것은 아무것도 없습니다. 휴식에도 기술과 연습이 필요해요.

뇌를 쉬게 하면서 몸과 마음을 활성화해야 합니다. 파스칼은 이렇게도 썼습니다.

> 우리는 우리의 불행한 조건이나 전쟁의 위험이나 고된 노동에 대하여 생각할 겨를이 있는 차분하고 안온한 삶을 추구하지 않고, 우리 자신에 대한 생각을 방해하는 즐거운 부산함을 추구한다. 이런 까닭으로 우리는 포획물보다 사냥을 더 좋아한다. 그리하여, 인간은 소음과 동요를 심히 사랑하게 되었다.

17세기와 21세기의 인간은 크게 다르지 않았을 겁니다. 휴대전화와 소셜미디어가 없던 시대에도 인간은 소음과 동요를 사랑하며 끊임없이 사냥하고 싶어 하는 존재였나 봐요. 시끌벅적한 도시와 사교의 세계를 벗어나 혼자 방에 남겨지면 어쩔 수 없는 내면의 감정들과 마주해야 하니까요.

혼자만의 방에서 나를 마주하는 일은 쉽지 않습니다. 내면에 도사리고 있는 또 다른 사냥감은 바로 '마음'이에요. 외로움과 조바심, 피로와 불안, 두려움과 지루함에 오로지 혼자만의 힘으로 맞서야 하는 거지요. 피하고 싶습니다. 괴롭거든요. 하지만 마음의 힘은 강력해요. 자칫 잘못하면 휘둘리기 십상입니다. 대신 소셜미디어나 드라마, 자극적인 음식이나 술 한잔은 얼마나 쉽고 즐거운가요.

진짜 휴식을 맛보고 싶다면 내면의 사냥감들과 화해하는 나만의 방법을 터득해야 합니다. 두려워서 외면하기보다 잘 달래서 가라앉혀야 합니다. 그 감정들과 화해하려는 시도 자체가 진짜 휴식의 첫 단계일 수 있거든요. 아무리 어려워도 내 마음이잖아요. 내 마음은 내가 다스릴 수 있습니다. 몇 가지 방법만 알면 돼요. 휴식에 연습과 기술이 필요하다고 쓴 이유입니다.

저는 다행히 요가를 수련하거나 짧은 명상을 즐길 줄 아는 사람이 되었습니다. 쉽지는 않았지요. 돌이켜보면 몇 년이나 걸렸네요. 책을 읽거나 가벼운 산책을 하는 시간들도 모두 이런 감정들을 다스리기 위한, 이미 수많은 철학자에 의해 검증된 매우 효율적인 방책입니다. 주기적으로 집중하는 운동이나 취미가 있다면 더할 나위 없겠지요. 핵심은 게으름에 패배하며 맘껏 늘어져 날뛰는 마음을 지금, 이곳으로 불러들여 나 자신을 들여다보는 거니까요.

제대로 일하려면 제대로 쉴 줄 알아야 합니다. 외부와 내면을 구분하고, 불필요한 자극을 차단할 줄도 알아야 해요. 거기서 한 걸음 더 나아갈 수 있다면, '내가 제대로 쉬고 있다'는 사실을 부담 없이 인지하기를 권하고 싶어요. 쉬고 있다는 사실을 인지하는 순간 마음의 너비가 두 배로 넓어지거든요. 휴식의 효율도 두 배 이상으로 증가합니다. 그 안에 진짜 휴식이 있어요. 그렇게 새로운 힘을 만나는 겁니다.

잠을 자는 사람의
용기에 대하여

어제도 깊은 잠에 들지 못했습니다. 새벽 4시까지 컴퓨터 앞에 앉아 있었어요. 유튜브에 업로드할 영상을 만들었습니다. 1시간 집중하고 15분 쉬고 또 1시간 반 집중하는 식으로 가까스로 마무리했어요.

새벽 4시는 찌뿌드드합니다. 몸에는 하루의 피로가 다 묻어 있지요. 집중의 쾌감과 밤의 고요, 자유와 책임과 피로가 첨예한 시간이에요. 이럴 때 단 10분이라도 요가 동작으로 몸을 풀어주고 자면 꽤 깊은 잠에 들 수 있어요. 하지만 4시가 되면 그럴 힘조차 없어지지요. 그냥 잠들고 나면 내일 아침에도 피곤하리란 걸 경험으로 알고 있습니다. 늦게 잤다고 늦게 일어날 수는 없지요. 내일은 내일의 일이 있으니까요.

인간은 삶의 3분의 1 혹은 4분의 1을 잠으로 보냅니다. 적절한 수면시간은 하루에 6시간~8시간으로 알려져 있어요. 그보다 부족하면 다양한 부작용에 시달리게 됩니다. 피곤하고 집중력이 떨어지고 신경이 예민해지지요. 운동 능력이 떨어지기도 합니다. 밤을 꼬박 새우고 새벽 4시 반을 향해가던 잡지사 사무실, 멀쩡히 들고 가던 펜을 이유도 없이 툭 떨어뜨리던 일이 아직 생생합니다. 그럴 때마다 우리끼리는 서로 눈을 맞추고 웃었지요. 다 같이 피곤하고, 서로의 피로를 통해 동료애를 느끼던 밤들.

마감을 마친 이튿날은 오후 늦게까지 잠에서 깨지 못했습니다. 몰아 잔다고 피로가 해소되는 것도 아니지요. 밤에는 밤의 일상이 있으니 새로운 피로가 해소되지 못한 채 쌓이기 시작합니다. 깊고 효율적인 수면을 위한 취침 골든타임은 보통 밤 11시 정도라고 하지요? 일찍 일어나서 빛을 많이 볼수록 다시 좋은 시간에 잠들 가능성이 높아진다고도 하고요. 하지만 우리는 해가 있을 때 사무실에서 시간을 보내고, 해가 떨어져야 밖으로 나올 수 있습니다.

내가 설명해 드리지. 자세히 들어요. 내게 술을 권하는 것은 홧증도 아니고 '하이칼라'도 아니요, 이 사회란 것이 내게 술을 권한다고. 이 조선 사회란 것이 내게 술을 권한다고. 알았소?

현진건의 1921년 소설《술 권하는 사회》에서는 사회가 술을 권한다는 말로 지식인의 고뇌를 표현했습니다. 요즘의 한국은 '잠 못드는 사회' 같습니다. 3당 4락이니 4당 5락이니 하는 말들은 청소년 시기부터 잠을 기피하도록 가르칩니다. 덜 자면 더 할 수 있을 거라는 인식을 심어주지요. 잠을 자면 어쩐지 죄를 짓는 것 같기도 했어요. 어른이 되어도 마찬가지예요. 미라클 모닝으로 새벽 활동을 권하는 사회가 퇴근 후에도 다양한 자기계발에 매달리며 '갓생'을 살도록 권합니다. 사람들과 교류하기 위한 시간 역시 밤이 좋고, 깊은 밤일수록 모종의 좋은 사건이라도 생길 듯한 느낌이 들기도 합니다. 그게 진정한 어른의 일상 같기도 하고요.

하지만 혼자라도 선뜻 잠을 선택하지는 않을 겁니다. 우리는 잠보다 재미있는 것들을 너무 많이 알고 있어요. 소셜미디어를 달구고 있는 그 작품은 이제 24시간 볼 수 있습니다. 그를 둘러싼 뜨거운 말의 전장에 가세할 수도 있고요. 몇 개의 앱과 무수한 이미지와 바다 같은 텍스트에 빠져들수록 잠과는 멀어지게 될 겁니다. 숙면할 타이밍을 놓치고 계속 피로를 적립하는 거지요. 다시 아침이 오고, 어제와 다르지 않은 하루를 시작합니다.

좋은 잠을 위한 레시피는 쉽게 찾을 수 있어요. 검색창에 '꿀잠 자는 법'을 입력하면 매우 다양하지만 공통된 조언을 해줍니다. 반신욕으로 멜라토닌 분비를 촉진한다거나 잠들고 싶은 시간이 다가오면 주변을 최대한 어둡게 하는 거예요. 운동은 취침하기 4~5시간 전에 끝내는 게 좋고 저녁은 가볍게 먹는 게 좋습니다. 해가 있을 땐 최대한 해를 보는 게 좋습니다. 잠이 잘 오지 않을 때는 억지로 잠들기 위해서 양 100마리를 헤아리는 것보다 침대 밖으로 나와서 책을 펼치는 게 낫다고 합니다. 다시 마음을 가라앉히면 잠들 수 있는 가능성이 더 높아지거든요.

이런저런 기사와 정보를 읽다가 이내 허탈해지고 말았습니다. 생각해보니 피로와 수면시간이 문제인 이유는 정말 현대 사회 그 자체에 있었거든요. 어쩔 수 없는 회사생활, 정신을 바짝 차리지 않으면 1시간 정도는 '순삭'인 온갖 소셜미디어 플랫폼은 말하고 있어요. 잠을 줄이라고. 회복하는 대신 무리하라고. 조금이라도 눈을 뜨고, 모니터 안으로 들어오라고 말이지요.

차라리 농경사회라면 어땠을까요? 스마트폰은 없고 TV도 귀하던 때. 낮에는 논이나 밭에서 일을 하는 게 당연한 생활이라면 어땠을까요? 낮에는 몸을 써서 일하고 해가 떨어지면 눈도 감겼을 겁니다. 새벽이 되면 다시 일할 채비를 해야 하지요. 말 그대로 자연의 흐름대로 살았다면 어제처럼 새벽 4시에 잠들었다가 오늘 새벽 4시까지 마감하는 이런 루틴은 없었을 겁니다. 하루에 10시간 이상 수면을 취한 아인슈타인이나 회의시간을 낮잠시간 이후로 잡은 윈스턴 처칠도 수면의 중요성을 매우 잘 알고 있었다고 합니다. 하지만 처칠이나 아인슈타인에게는 스마트폰도 없었지요.

좋은 수면을 위해 무엇보다 중요한 건 반신욕이나 산책 같은 지침이 아닐 겁니다. 지식은 이제 너무 저렴해졌어요. 알고자 하면 뭐든 알 수 있습니다. 필요한 건 용기예요. 아는 것을 행동으로 옮길 수 있는 마음. 주변과의 연결을 끊어내는 결단. 스스로 단절될 수 있는 결심. 기꺼이 고립될 수 있는 선택입니다. 그렇다면 아무것도 없는 듯 고요해질 수 있을 거예요. 주말 하루라도 그렇게 보낼 수 있다면 좋은 잠, 진짜 휴식을 만날 수 있겠지요.

진정한 휴식은
순간 속에 있어요

휴식과 과로는 계절 같습니다. 푹 쉬고 나면 다시, 어쩐지 최고 속도로 지칠 때까지 달리게 돼요. 극심한 피로의 복판에서 다시 진정한 휴식을 만나기도 하고, 어느 정도는 지친 상태가 되어서야 휴식을 찾게 됩니다. 그 과정을 15년 넘게 반복하다 보니 하나 정도는 정확히 배울 수 있게 됐어요. 말 위에서 쪽잠을 잤다고 다소 과장되게 알려진 나폴레옹의 일화처럼, 전력 질주의 복판에서도 휴식의 느낌을 찾을 수 있게 됐습니다. 지금, 여기서 쉬고 있다는 그 생생한 감각. 이 시간을 보내고 나면 다시 살아날 수 있겠다는 확신의 감정.

첫 번째는 나무와 관련이 있습니다. 창업 후 처음 일을 시작한 사무실은 매우 낡은 건물의 4층이었어요. 엘리베이터도 없었지만 옥상이 가까웠습니다. 옥상에 올라가면 좁은 도로 건너편에 있는 초등학교 운동장이 보였습니다. 그 안에 제가 좋아하는 나무가 한 그루 있었어요. 줄기가 매우 도톰하고 가지들이 멋지게 흐드러진 버드나무였습니다. 바람이 불면 잎사귀끼리 내는 소리가 매우 좋았지요.

출퇴근 길마다 그 나무를 보면서 점점 익숙해지는 마음을 즐겼습니다. 회사를 나와 홀로서기를 결심한 마음을 나무에 의탁했는지도 모르겠어요. 혼자서 친밀감을 쌓았습니다. 옥상에서도 그 나무가 보이는 걸 알고서는 집중력이 흩어질 때마다 옥상에 올랐습니다. 나뭇가지가 한들한들 흔들리다 제자리로 돌아오는 모습을 한참이나 보곤 했어요.

참 쉽고 이상하지요. 그걸 가만히 보고 있으면 마음이 가라앉곤 했습니다. 지친 뇌가 다시 힘을 찾고 흩어진 집중력도 다시 돌아왔어요. 다시금 일에 집중할 수 있었습니다. 그 이후로는 어디서나 지칠 때마다 나무를 찾았습니다. 바람 한 점 불지 않는 날은 정말 드무니까, 어떤 나무든 고요하게 흔들리는 걸 지켜보면서 뇌와 마음을 회복하곤 했어요. 일종의 명상이었다고 생각합니다. 편하게 앉아서 눈을 감고 하는 명상도 있지만 어떤 소리를 듣거나 산책을 통한 명상도 있는 것처럼. 제 경우에는 전 세계 어디서나 나무 명상에 빠져든 셈이지요.

사무실 옥상에서 난간에 기댄 채로 나뭇가지가 흔들리는 걸 보고 있으면 뇌파가 잔잔해지는 구체적인 느낌이 있었습니다. 잔잔하게 가라앉은 흐름 위에서 다시 새로워질 수 있었던 거지요. 그 개운함 자체를 즐겼습니다. 출장길에 지나던 런던 공원에서도 마찬가지였어요. 어머니와 나들이를 하려고 찾은 파주 공원에서도 그랬습니다. 나무와 벤치와 바람만 있으면 그대로 좋았어요. 순간입니다. 내 흐름이 잔잔해지는 찰나를 인식하는 거예요. 할 수 있다면 그 순간의 기억이 명백한 '휴식'으로 각인될 거예요. 익숙해지면 다시 찾게 되고, 반복하면 습관이 됩니다. 무척 유용한 습관. 짧지만 효율적인 휴식을 취할 수 있게 되는 거지요.

두 번째는 산책과 관련이 있습니다. 이 역시 시간과 장소를 가리지 않습니다. 어디서나 일단 걷기 시작합니다. 결심이나 계획은 필요 없어요. 일단 의자에서 일어나 집 밖으로 나가는 일 자체가 중요합니다. 아침에 조깅을 즐기는 분들도 비슷할 거예요. 잠자리에서 일어나 옷을 갈아입기까지, 운동화를 신고 집 밖으로 나서기까지가 어렵다는 말을 많이 들었습니다.

일단 나가면 그때부터 상쾌함을 만날 수 있는 거지요.

걷기 시작하면 바로 알게 됩니다. 내내 책상 앞에 앉아 있던 내 몸이 얼마나 굽아 있었는지. 근육들은 얼마나 경직돼 있었는지. 그래서 '걷는다'는 자연스러운 행위조차 얼마나 어색하고 새로운지를 걸음걸음 깨닫게 될 거예요. 골목 어귀를 잠시 돌아보는 것도 좋지만 일단 산책을 나서면 20분 이상 꾸준히 걷기를 저는 즐깁니다. 좋아하는 이어폰으로 좋아하는 음악을 들으면서 마음이 허락하는 만큼 걷는 거지요.

걷다 보면 옥상에서 버드나무를 바라볼 때와 비슷한 작용이 일어난다는 걸 서서히 느끼게 됩니다. 그때부터 매우 성공적인 산책이 되는 거예요. 나무를 바라볼 때와 다른 점이 하나 있다면, 그건 산책이 조금 더 지속적인 행위라는 점입니다. 나뭇가지를 보는 일이 순간의 인식이라면 산책은 인식하는 순간부터 쭉 이어지는 움직임이에요. 마음의 개운함과 몸이 풀려가는 감각이 서서히 합을 맞추기 시작합니다.

머리가 가라앉고 잔잔해지면서 굽아 있던 근육도 나른하게 회복하기 시작해요. 움직임 속에서 탄력과 부드러움을 다시 찾습니다. 걷는 일이 점점 쉬워지면서 서서히 몸에 열이 오르겠지요. 이즈음의 걸음은 조금씩 빨라지고 있을지도 모릅니다. 집에서 나설 때 듣던 음악이 잔잔한 멜로디였다면 지금부터는 조금 더 빠르거나 비트가 살아 있는 음악으로 바꿔도 좋을 거예요.

산책 후의 몸 상태가 그대로 숙면으로 이어지는 느낌도 저는 무척 좋아합니다. 아침 산책도 좋지만 밤 산책을 즐기게 되는 이유도 바로 거기에 있어요. 집에 돌아와 가볍게 올라온 몸의 열기를 식히고 나른해진 근육 그대로 조금 더 일을 하고 나면 매우 자연스럽게 졸음이 쏟아지곤 했어요. 좋은 휴식이 양질의 잠으로 이어집니다. 아마 내일도 개운하게 시작할 수 있겠지요.

세 번째는 비행기와 관련이 있습니다. 외국 출장길에 타는 비행기 안에서 이거야말로 확실한 휴식이라고 느낀 적이 있어요. 몇 가지 조건이 필요합니다. 비행시간이 10시간 이상이면 좋고, 주변에 아는 사람이 없어야 해요. 좌석이 비즈니스 클래스라면 금상첨화일 겁니다. 출장을 위한 비행이라면 비즈니스 클래스로 이동하는 경우가 종종 있거든요.

이 모든 조건을 충족할 수 있는 상황에서는 비행기에 오르는 순간부터 머리가 맑아지기 시작합니다. 말 그대로 시간을 선물받은 듯한 느낌이 드는 거예요. 출근도 퇴근도 없는 시간. 누가 메시지를 보내거나 전화를 받을 수도 없는 불가항력의 세계로 여행을 떠나는 겁니다.

당연히, 반드시 비행기가 아니어도 되지요. 제가 이 방법을 깨달은 장소가 비행기였을 뿐입니다. 핵심은 가끔이라도 혼자가 되는 것. 각종 네트워크로부터의 단절입니다. 비행기를 타지 않아도 휴대전화의 '에어플레인 모드'는 활성화할 수 있잖아요. 소셜미디어 앱을 지우지 않더라도, 내가 정해놓은 시간 동안 멀어질 수는 있지 않겠어요? 비행기는 이 모든 단절을 강제로 경험하게 해주는 상황극 같은 공간일 뿐입니다.

익숙하게 내 시간을 죽이는 것들이 다 사라졌을 때 내가 기꺼이 선택하는 것들이야말로 진짜 휴식에 닿아 있는 경우가 많을 거예요. 잠이 부족한 사람은 비행시간 내내 깊은 잠에 빠져듭니다. 책을 좋아하는 사람은 책을 손에 쥐게 되지요. 음악이 필요하다면 매우 낯선 감각으로 음악에 집중할 수 있게 됩니다. 저는 이게 바로 단절의 힘이라고 생각해요. 인간은 나약하고 습관은 쉬운 쪽으로 흐르는 법이니까. 가끔은 단 1시간이라도 의도적으로 고립되어야 한다고 생각합니다. 세상과의 연결로부터 자유로워지면 오랜만에 나 자신과 만나게 됩니다. 그 감각이 중요해요.

나무, 산책, 자발적 단절. 모두 너무나 쉬운 방법입니다. 고개를 들거나 밖에 나가는 것, 휴대전화를 비행기 모드로 전환하는 순간으로부터 매우 개인적이면서도 좋은 휴식의 습관을 들일 수 있어요. 돈이 들지 않아요. 비싼 취미를 찾거나 각별한 수고를 기울이지 않아도 됩니다. 친구가 있어야 하는 것도 아니지요. 혼자서, 어디서나 할 수 있는 것들이에요.

그래서 부담 없이 권합니다. 진짜 휴식은 거창하지 않아요. 이미 일상 속에 숨어 있어요. 말갛게, 아무렇지도 않은 얼굴을 하고, 거의 투명한 느낌으로 당신을 기다리고 있지요. 그러니 누리세요. 다시 순간에 집중하세요. 틀림없이 성취하세요. 저도 꾸준히 해보겠습니다.

그것으로
충분합니다

어쩌면 선택의 여지가 너무 많은 것이 문제는 아닐까, 그런 생각을 한 적이 있습니다. 사실 일을 할 때는 선택의 여지가 없지요. 해야 하는 일을 제한된 시간 안에 최대한 효율적으로 해내야 합니다. 문제는 일이 없어졌을 때예요. 마침내 쉴 수 있는 시간이 왔을 때가 문제입니다. 드디어 휴식을 취할 수 있는 기회 앞에서, 저는 왜 그런 생각을 했을까요?

뭘 해야 할지 몰랐습니다. 좀 다른 걸 하고 싶었는지도 모르겠어요. 인스타그램에 업로드하기 좋은 그림을 만들거나, 이른바 유튜브 각을 찾으려고 했는지도 모르겠습니다. 피드를 열면 제가 친하고 좋아하는 사람들이 어떤 시간을 보냈는지

샅샅이 볼 수 있잖아요? 그중 한 군데에 저도 가보고 싶은 마음이 생겼다가 곧 사라집니다. 그중 하나를 먹고 싶은 마음이 들었다가 또 사라지지요. 자전거를 타볼까? 권투를 배워볼까? 자꾸만 새로운 세계를 기웃거리는 거예요. 그렇게 소파 위에서 하루해가 떨어지는 걸 목도하는 순간, 소셜미디어에서 배달앱으로 넘어갑니다. 딱히 몸에 좋지도 않는 음식을 주문하고 넷플릭스를 켜지요. 할 수 있는 게 너무 많아서 아무것도 할 수 없는 시대에 우리는 살고 있는 게 아닐까요. 구경만 하다가 행동할 타이밍을 놓치고 있지는 않은가요.

"그래서 당신은 정말 자유로운 시간이 많이 생기면 뭘 하고 싶어?"

아내가 물었을 때 저는 대답했습니다.

"좋은 커피를 들고 야외에서 책을 읽고 싶어. 해가 저물기 시작하는 오후 3시 즈음부터 한 서너 시간 정도면 좋겠어."

그날 이후, 제 대답에 대해 여러 번 다시 생각해봤습니다. 사실 좀 모범답안 같잖아요. 커피 한 잔과 야외 벤치와 책 한 권은 거창하지도 않고요. 그래서 내가 스스로를 속이는 건 아닌가 몇 번이나 의심해봤지요. 사실은 매우 비싼 스시를 먹고 싶었을지도 모르기 때문입니다. 제 진짜 욕망은 오랫동안 갖고 싶어 하던 그 차를 계약하는 순간일 수도 있고요. 더 멋진 취미에 도전할 수도 있을 거예요. 쇼핑이나 여행, 좋은 술이나 파티, 악기를 새로 배운다거나 하는 도전들. 독일 작가 울리히 슈나벨은 《휴식》에서 이렇게 씁니다.

> 1980년대까지만 하더라도 대다수 사회학자들은 더 많은 선택지가 실제로 행복을 보장해준다고 믿었다. 그러나 이런 믿음은 날이 갈수록 흔들리기 시작했다. 그동안 사회심리학자들이 확인했듯, 그 반대가 진실이었던 것이다. '덜 누리는 것이 더욱 많은 기쁨을 준다'.

한 마트에서 진행한 실험도 흥미로워요. 한쪽 테이블에는 24가지 잼을 진열하고 다른 테이블에는 6가지만 진열했을 때, 6가지만 놓아둔 테이블의 구매율이 30퍼센트나 됐다는 겁니다. 24가지나 진열한 테이블의 구매율은 3퍼센트였다고 해요. 다만 테이블 앞에 머문 시간은 선택지가 많은 쪽이었다고 합니다. 고객은 선택하기 위해 더 많은 시간을 투자했지만 결국 사지 않았지요. 시간이 행동으로 이어지지 않은 거예요. 뭘 할까 고민하다 결국 치킨을 주문하던 저녁과 일치하지요? 할 수 있는 게 많아서 행복한 한 가지를 못 하게 되는 것, 그게 바로 요즘 여가의 함정이에요.

의심에 의심을 거듭한 후에도 제 상상 속에는 매번 같은 그림이 떠올랐어요. 한적한 공원이나 좋아하는 카페에서 서너 시간 정도 책과 커피를 들고 시간을 보내는 겁니다. 그러고 보니 영화 〈어바웃 타임〉에서 영국 배우 빌 나이가 연기한 아버지는 얼마든지 과거로 돌아갈 수 있는 능력을 갖고도 특별한 일을 하지 않았지요. 그의 결심은 좋아하는 책을 모두 두세 번씩 읽는 거였어요. 소파에 누워서 낡은 책을 들고 있던 그 모습에 대해서도 거듭 생각했습니다.

나이가 든다는 건 여러모로 좋은 일이지만, 그중 가장 흐뭇한 건 아마 내가 진짜 좋아하는 것들을 더 또렷하게 알게 된다는 사실 아닐까요. 20대가 24개의 잼이 진열된 테이블이라면, 40대는 6개만 놓인 테이블 같습니다. 나머지 18개 정도는 없어도 된다는 건 경험으로 알게 됐어요. 6개 중에 고른 잼 하나가 별로라도 크게 개의치 않습니다. 다음에 더 맛있는 잼을 사면 되니까요. 일단 산 잼도 맛있게 먹을 수 있는 방법을 여럿 알고 있어요. 아무리 바빠도 그 정도 여유는 늘 찾을 수 있다는 걸 시간으로부터 배운 덕입니다.

고민하다 배달앱을 켜던 저녁은 30대 초반의 어느 날이었어요. 요즘은 그런 시간을 보내지 않습니다. 휴식을 취할 수 있는 시간이 오면 어떻게 행동해야 하는지 알아요. 잠이 부족하면 낮잠을 청하기도 합니다. 몸이 경직돼 있을 땐 혼자서 요가매트를 펼치고 몸을 움직여보기도 해요. 아내와 산책을 하거나 집 근처에 있는 도서관에 갑니다. 좋아하는 카페를 찾기도 하지요. 그게 전부이고, 그것으로 충분합니다. 단순한 생활 같지만 하나하나 만만치 않은 깊이가 있다는 것도 이제 알거든요. 울리히 슈나벨은 이렇게도 썼습니다.

오스트리아의 학자 헬가 노보트니는 휴식을 '자기만의 시간'이라고 표현하며, '휴식은 나와, 내 인생에서 중요한 것 사이의 일치를 뜻한다'고 말했다. 그리스 철학자들 역시 휴식을 신들에게 가까이 가는 '최고의 행위'로 묘사했다. 예술, 음악, 철학, 종교 축제와 같은 '한가로운' 활동을 통해 인간은 영혼의 평화를 맛보며 인생이 본래 추구하는 영원함이라는 순간을 누린다고 본 것이다.

지금까지 제 여가시간을 채운 다양한 활동 중 가장 좋은 것들을 요약하면 결국 두세 가지로 줄일 수 있어요. 책을 읽거나 걷거나 요가를 수련하는 것. 좋은 커피를 마시면서 대화를 나누는 시간도 사랑합니다. 하지만 좋아한다고 자주 하지는 못해요. 마음 같아서는 샀는데 읽지 못한 책들을 섭렵하고, 매일 2시간씩 수련하고 싶습니다.

책과 요가야말로 제 시간을 가장 행복하게 만드는 두 가지예요. 조금 더 시간이 주어진다면 슬슬 걸어 제가 좋아하는 카페에 가겠습니다. 매일 그렇게 살아도 질리지 않을 거예요. 몸을 움직이면서 하루하루 강해지고 책을 읽으면서 내면을 가꾸는 일. 저에게는 어쩌면 그 두 가지가 '나와 내 인생에서 중요한 것 사이의 일치'를 경험하게 하는 것 같습니다.

당신은 어떤가요? 문득 궁금해집니다. 욕심도 생기네요. 이 책을 여기까지 읽어오시는 동안, 아주 짧은 순간이라도 '휴식'의 감각을 느끼셨기를 바랍니다. 그 감각을 기준으로 또 다른 책들을 만날 수 있을 거예요. 그렇게 나만의 휴식을 위한 감각을 쌓아가는 겁니다. 누가 늘어놓은 서른 개의 잼이 모니터 안에서 바글바글하는 일상, 좀 지치는 것 같아요. 이제 더 담백하게 줄여볼까 봐요. 내가 고른 한두 가지 잼만 있으면 충분히 행복할 수 있다는 사실을 아이처럼 믿으면서, 이만 작은 쉼표 하나를 찍어둘까 합니다.

◦ 인용 도서 목록 ◦

- **《미룸 : 달콤한, 그러나 치명적인 습관》,** 제인 B. 버카, 르노라 M. 위엔 공저, 윤상운 역, 지식의숲, 2012.
- **《불안》,** 알랭 드 보통 저, 정영목 역, 은행나무, 2011, 268쪽.
- **《당신의 뇌는 서두르는 법이 없다》,** 양은우 저, 웨일북, 2020, 21쪽.
- **《니체와 함께 산책을》,** 시라토리 하루히코 저, 김윤경 역, 다산초당, 2021, 34쪽.
- **《아부의 기술》,** 리처드 스텐걸 저, 임정근 역, 참솔, 2006, 57쪽.
- **《나, 소시오패스》,** M. E. 토머스 저, 김학영 역, 푸른숲, 2014, 29쪽.
- **《자기 신뢰》,** 랠프 월도 에머슨 저, 황선영 역, 메이트북스, 2023, 11쪽.
- **《다다다》,** 김영하 저, 복복서가, 2021, 382쪽.
- **《인간은 왜 외로움을 느끼는가》,** 존 카치오포, 윌리엄 패트릭 저, 이원기 역, 민음사, 2013, 21쪽.
- **《존재와 시간》,** 마르틴 하이데거 저, 이기상 역, 까치, 1998.
- **《차라투스트라는 이렇게 말했다》,** 프리드리히 니체 저, 장희창 역, 민음사, 2004.
- **《매일, 조금씩 자신감 수업》,** 라우라 지바우어, 기타 야코프 저, 최린 역, 시목, 2018, 26쪽.

- **《자존감의 여섯 기둥》**, 너새니얼 브랜든 저, 김세진 역, 교양인, 2015, 5쪽.
- **《산에는 꽃이 피네》**, 법정 저, 류시화 편, 문학의숲, 2009, 199~200쪽.
- **《1984》**, 조지 오웰 저, 정회성 역, 민음사, 2003.
- **《도둑맞은 집중력》**, 요한 하리 저, 김하현 역, 어크로스, 2023, 315쪽.
- **《에티카》**, 베네딕투스 데 스피노자 저, 조현진 역, 책세상, 2019.
- **《한국인 코드》**, 강준만 저, 인물과사상사, 2006, 21쪽.
- **《루틴의 힘》**, 댄 애리얼리, 그레첸 루빈, 세스 고딘, 스콧 벨스키, 칼 뉴포트 저, 정지호 역, 부키, 2020, 66쪽.
- **《직장으로 간 심리학자》**, 황준철 저, 글의온도, 2022, 22쪽.
- **《피로사회》**, 한병철 저, 김태환 역, 문학과지성사, 2012, 23쪽.
- **《인간관계론》**, 데일 카네기 저, 임상훈 역, 현대지성, 2019.
- **《혼자 있기 좋은 방》**, 우지현 저, 위즈덤하우스, 2018, 119쪽.
- **《술 권하는 사회》**, 현진건 저, 국토, 2023, 91쪽.
- **《휴식》**, 울리히 슈나벨 저, 김희상 역, 걷는나무, 2011.

* 국내에 번역되지 않았거나 절판된 도서는 정확한 출처를 밝히지 못했습니다.

산책하듯 가볍게

초판 1쇄 인쇄 2023년 12월 8일
초판 1쇄 발행 2023년 12월 15일

지은이 정우성
책임편집 배상현
콘텐츠 그룹 배상현, 김다미
북디자인 어나더페이퍼

펴낸이 전승환
펴낸곳 책 읽어주는 남자
신고번호 제 2021-000003호
이메일 bookpleaser@thebookman.co.kr

ISBN 979-11-91891-44-7 03190

- 북플레저는 '책 읽어주는 남자'의 출판 브랜드입니다.

책값은 뒤표지에 있습니다.